技术创新与发展丛书
—— TECHNOLOGY INNOVATION AND DEVELOPMENT SERIES

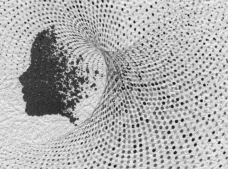

白恩来 著

战略性新兴产业发展的政策支持

Research on Policy Support Mechanism of Strategic Emerging Industry Development

经济管理出版社
ECONOMY & MANAGEMENT PUBLISHING HOUSE

图书在版编目（CIP）数据

战略性新兴产业发展的政策支持/白恩来著. —北京：经济管理出版社，2020.8

ISBN 978-7-5096-7356-0

I. ①战… II. ①白… III. ①新兴产业—经济政策—研究—中国 IV. ①F120

中国版本图书馆 CIP 数据核字（2020）第 146670 号

组稿编辑：王光艳

责任编辑：许 艳

责任印制：黄章平

责任校对：董杉珊

出版发行：经济管理出版社

（北京市海淀区北蜂窝 8 号中雅大厦 A 座 11 层 100038）

网 址：www. E-mp. com. cn

电 话：（010）51915602

印 刷：北京晨旭印刷厂

经 销：新华书店

开 本：720mm×1000mm/16

印 张：12.5

字 数：205 千字

版 次：2020 年 8 月第 1 版 2020 年 8 月第 1 次印刷

书 号：ISBN 978-7-5096-7356-0

定 价：68.00 元

前　言

　　加快培育和发展战略性新兴产业，是实施供给侧结构性改革、创新驱动发展战略的必然选择。《国务院关于加快培育和发展战略性新兴产业的决定》发布至今已经9年，七大战略性新兴产业各自获得了不同程度的发展，其中既有成绩也有不足之处。在经济结构转型升级和高端产业国际竞争日益激烈的大背景下，进一步促进战略性新兴产业健康发展成为我国经济创新驱动发展的重点。探索研究战略性新兴产业发展的政策支持机制，可以更好地把握战略性新兴产业发展的重要节点和支持因素，通过政策优化最大限度地释放政策促进战略性新兴产业发展的作用，加快战略性新兴产业的发展，推动实现经济结构转型升级的目标，从而在国际竞争中掌握更多的主动权。因此，研究战略性新兴产业发展的政策支持机制具有重要的理论和现实意义。

　　本书利用经济学相关理论，结合中国自身的特点及战略性新兴产业的特点，构建了战略性新兴产业发展政策支持机制的理论分析框架。通过分析目前战略性新兴产业的发展和政策的介入，总结了现有政策支持机制发挥的作用；进而运用实证分析方法找到了影响政策支持机制作用发挥的主要因素，结合发达经济体的经验，针对我国战略性新兴产业发展的现状，提出了政策优化的建议。

　　首先，本书在市场失灵理论、比较优势理论、演化理论的基础上归纳总结了产业政策的功能，结合战略性新兴产业自身的特点对战略性新兴产业发展所需的政策支持进行了理论分析，同时分析了产业政策工具在战略性新兴产业发展过程中的作用机制，最终构建了产业政策工具与战略性新兴产业发展的政策需要和产业政策功能相适应的新兴产业发展政策支持机制分析框架。

　　其次，在战略性新兴产业发展政策支持机制的分析框架下，初步对我国战略性新兴产业发展政策及机制作用进行了描述性分析。本书盘点了我国战略性新兴产业的综合性政策和七大产业政策的演变并总结了政策在演变过程中所呈现出来的特点，并对战略性新兴产业的细分产业的发展状况进行了分析，发现由于一些制约因素的存在，新兴产业发展的政策支持机制作用的发挥受到了限制，寻找制约政策支持机制作用发挥的阻碍因素成为下一步分析的关键，为本书遵循新兴产业发展的政策支持机制运行原理寻找答案开辟了突破口。

再次，本书运用计量经济模型方法对现行政策的有效性进行了宏观实证分析。研究表明，我国现行的战略性新兴产业发展政策在宏观层面是有效的，但是宏观政策的整体效果非常微弱，说明我国战略性新兴产业发展的政策支持机制已经建立，且作用已初步发挥，但存在巨大的政策完善空间。在进一步的研究中，本书选择了生物医药产业和新能源汽车产业的上市公司作为考察对象，微观分析再一次印证了对战略性新兴产业细分产业的分析结论，并找到了阻碍机制作用发挥的根本原因——产业政策制定过程中对产业异质性缺乏足够的关注，研究结果为产业政策的优化提供了现实的依据。

最后，本书总结了发达经济体设计需求层面、供给层面、环境层面政策的经验，为进一步优化我国战略性新兴产业发展政策、找到制约新兴产业发展的政策支持机制的阻碍因素、发挥新兴产业发展的政策支持机制的作用提供了可借鉴的资料样本。在前文的理论框架和实证分析中找到了阻碍战略性新兴产业发展的政策支持机制作用发挥的制约因素，并提出了优化思路和优化产业政策的具体建议，以期通过政策的调整，消除制约政策支持机制的阻碍因素，使我国战略性新兴产业发展过程中政策支持机制得到充分的发挥和释放，促进我国战略性新兴产业的发展和繁荣。

本书的创新主要体现在四个方面：①构建了产业政策工具与产业政策功能和产业发展政策需求相适应的政策支持机制分析框架，揭示了产业政策工具与产业政策功能和产业发展政策需求相适应的政策演化机制。②提出了战略性新兴产业发展的政策支持机制运行的原理，并通过政策的反馈修正找到了制约机制作用发挥的阻碍因素，进一步完善了战略性新兴产业发展政策支持机制的理论结构。③建立了与政策支持机制相适应的产业政策效应评价方法。④在借鉴发达经济体支持新兴产业发展的产业政策的基础上建立了产业经济理论、市场客观规律、政策协同的三维政策优化思路，为开展后续研究提供了可借鉴的方法和思路。

目　录

第一章

01
CHAPTER

绪 论

加快培育和发展战略性新兴产业，是实施供给侧结构性改革、创新驱动发展战略的必然选择。研究战略性新兴产业发展的政策支持机制具有重要的理论和现实意义。本章就战略性新兴产业发展政策的选题背景、研究意义、前期的文献阅读和整理以及研究思路设定等问题进行阐述和说明。

第一节　选题背景及研究意义

一、选题背景

2010 年 9 月，国务院常务会议审议并通过的《国务院关于加快培育和发展战略性新兴产业的决定》中提出了要大力发展七大战略性新兴产业，这些产业是新兴科技和新兴产业的深度融合，代表着科技创新和产业发展的方向。未来战略性新兴产业的发展将为我国的经济发展开拓更为广阔的发展空间，并在国际竞争中为我们赢得比较优势。

2012 年 11 月，在中国共产党第十八次全国代表大会上，中共中央肯定了战略性新兴产业的发展成绩，并在此基础上对未来这些产业的发展提出了更高的新的要求。战略性新兴产业在我国经济结构调整的改革中承担着举足轻重的作用，这些产业能否健康发展，直接关系到我国经济改革的顺利进行。

2015 年，党的十八届五中全会强调，为了实现"十三五"时期的发展目标，必须要牢固树立和贯彻五大发展理念，其中"创新"是我国未来发展的核心，是我国转变经济发展方式的主要途径。在国家战略层面中，创新的内涵包括理论创新、制度创新、科技创新、文化创新。加快培育和发展战略性新兴产业，是我国应对国际复杂经济环境变化、促进国内经济社会可持续发展的战略选择，战略性新兴产业是未来建设现代化经济体系的内在要求和目标，也是实现创新驱动战略的排头兵。我国目前大力培育战略性新兴产业、促进战略性新兴产业的发展，对于促进节能减排、缓解资源短缺压力、改善环境并以此实现经济可持续发展具有非常重要的意义。

"十二五"期间，我国战略性新兴产业发展取得了非常不俗的成绩，产业盈利能力和创新能力得到了显著提高。截至"十二五"末，七大战略性新兴产业的增加值占 GDP 的比重达到了 8%左右，一批优势企业凭借创新达到了国际领先水平，一些领域的关键技术也获得了重大的突破。在加快我国产业结构转型升级的进程中，战略性新兴产业和传统产业的广泛融合起到了重要的作用。战略性新兴产业的蓬勃发展，涌现了大量的新产品、新技术、新业态，为我国就业岗位的增加、经济结构的调整、经济增速的稳定、经济改革的深化提供了强有力的支撑。

2016 年 11 月，在《"十三五"国家战略性新兴产业发展规划》中，中共中央、国务院提出了战略性新兴产业在未来 5～10 年发展的主要原则、指导思想以及发展目标，力图通过全方位促进七大战略性新兴产业的发展，构建创新驱动的经济发展新模式，在国际贸易和国际分工重构的新格局中，为我国未来经济发展赢得更多的比较优势。战略性新兴产业"十三五"规划的颁布表明政府的相关政策在促进战略性新兴产业健康、快速发展的道路上将发挥重要的作用，是未来我国政府经济政策中的一个重心。

同时我们应该注意到，在"十二五"期间战略性新兴产业繁荣发展的背后，还隐藏着许多问题，比如整体创新水平不高、一些领域的关键核心技术尚未突破、部分政策落实不到位、相应的法律法规体系不健全等，这些问题都制约着战略性新兴产业的发展。在经济新旧动能转换、产业结构优化升级的大背景下，政府要进行统筹和规划，营造有利于战略性新兴产业发展的经济生态环境，通过一系列相关制度的引导以及一系列相关规制的调整，为我国战略性新兴产业未来的发展提供强大的发展动力和政策支持。

支持战略性新兴产业发展的现有政策的实施效果如何？各产业发展过程中对政策的反映存在差别吗？这些差别是什么？面对这些差别，政策应如何修正？政策在修正过程中的理论依据是什么？修正过程中什么才是最重要和最核心的呢？本书拟运用产业成长理论、外部性理论、公共物品理论、不完全竞争理论、市场失灵和国家干预理论，通过对战略性新兴产业中上市企业运行数据和战略性新兴产业行业数据的分析，以及对我国政府支持战略性新兴产业发展政策的盘点和政策效应的分析，提出促使我国战略性新兴产业健康发展和日益高端化的政策取向和建议，为我国政府制定加速战略性新兴产业发展并突破性带动经济增长和产业结构升级的有关政策提供理论依据和决策参考。

二、研究目的

通过将经济学理论和中国经济自身客观发展实际相结合，分析战略性新兴产业发展的政策支持机制并构建相应的理论分析框架，在实证分析和比较分析的基础上找到影响政策支持机制作用发挥的主要因素，理论联系实际地提出促使我国战略性新兴产业健康发展和日益高端化的政策取向和建议，为我国政府制定加速战略性新兴产业发展并突破性带动经济增长和产业结构升级的有关政策提供理论依据和决策参考。

三、研究意义

（一）理论意义

自从我国政府提出战略性新兴产业的概念后，我国经济学界的很多学者就战略性新兴产业的培育和发展进行了大量丰富的研究。本书尝试在战略性新兴产业发展取得初步成效的基础上，在理论上探讨和研究战略性新兴产业发展的政策支持机制及其作用原理，试图基于财政学相关理论和产业经济学相关理论，构建战略性新兴产业发展政策支持机制的理论框架，并进一步通过实证分析考察战略性新兴产业现有的政策效应，揭示现有政策中制约政策支持机制作用发挥的因素，对宏观经济政策的选择、取向及界定提出优化思路和方法，这对于丰富产业成长理论、公共物品理论和推进高技术产业经济学学科建设和财政学学科建设有一定的理论意义。

（二）现实意义

当前我国政府提出了供给侧结构性改革，供给侧结构性改革的重点是实现创新驱动的国家战略，结合我国"去产能、调结构"的经济发展总方略，创新型经济的发展也就成为我国当前经济结构调整中的重要内容，因此促进战略性新兴产业健康快速发展的政策研究就有了实际的意义。战略性新兴产业概念从提出至今已经 9 年了，七大战略性新兴产业各自获得了不同程度的发展，其中既有成绩也有不足之处。在经济结构转型升级的大背景下，进一步促进战略性新兴产业的健康发展成为我国经济增长方式转变的重点。本书揭示了战略性新兴产业发展的政策支持机制及运行原理，提出了基于产业经济理论、市场客观规律、政策协同的三维政策建议体系，争取构建一个相对完整的政策体系，充分发挥战略性新兴产业发展的政策支持机制的作用，为战略性新兴产业健康发展、促进我国产业结构优化升级提供理论依据和决策参考。

第二节 国内外相关文献综述

一、关于新兴产业发展政策的理论研究

（一）产业发展环境与政策

主流经济学认为，自由化是市场的天性，只有自由配置资源才能实现最好的可持续增长率和福利的最大化，政府的责任是要提供稳定的宏观经济环境和明晰的游戏规则，比如提供广泛丰富的人力资本和完备的基础设施这一类公共物品。

第一，知识的传播及应用中的外溢现象是具有公共属性的，是有利于人类社会进步的，政府的引导是有利于知识向生产力转化的。

新的知识、新的技术、新的思想对于微观世界中单个购买者的潜在价值与这些新的知识、新的技术、新的思想对社会公众的价值是不相匹配的。因为新知识、新技术、新思想对社会公众的价值是其运用中产生的渐进利益的总和，这些利益是属于社会公众的，而微观世界中单个购买者对

于所获得部分所支付的价值不能反映社会公众利益的总和，这是因为存在研发外溢，即发现者、发明者一旦获得知识，一些知识就会在一系列的社会活动中外溢出去，其他个体付出非常少的渐进成本就可共享新知识、新技术、新思想（Nelson，1959；Arrow，1962）。主流经济学的新增长模型（Romer，1990；Aghion 和 Howitt，1998）为研发外溢、产业增长和产业竞争力关系的研究提供了理论基础。正是基于研发外溢的激励，政府需要制定相应的政策保护研发，提升研发的效率。研发外溢包括租金外溢和知识外溢两种外溢形式，其中租金外溢是技术提供者从接受者那里获得的以货币的形式表现的经济价值，知识外溢是指知识本身公共物品性质导致的，通过反转工程、研发人员的流动性及其参加技术和科学交流、专利、在科研杂志上发表文章的方式向外界的传播。

第二，知识在传播、应用过程中的效率是与政策保护相关联的，并且这种关联效果也影响着经济的增长。

1996 年，Gould 和 Gruben 对 56 个国家 1960~1988 年知识产权保护的实证研究发现，知识产权的保护程度与该国的经济增长率正向相关，相较于处于封闭状态下的经济体，这种正向作用更加明显。同样的研究还有，1997 年，Ginarte 和 Park 通过对 1960~1990 年 60 个国家的经济发展特征事实检验发现，知识产权保护度、研发投资、经济增长三者间存在正向相关的关系。但是，还有一些学者却有不同的研究发现，2002 年，Falvey 等通过对 80 个国家的研究发现，知识产权保护与经济增长之间的关系是否为正相关取决于国家的发展水平，在经济发展水平高的国家，两者是正相关的，反之则没有这样的关系。2007 年，Horri 和 Iwaisako 对 1960~2000 年100 个国家的数据检验发现，经济增长率与知识产权保护程度的关系不显著。上述研究没有关注研究产出的异质性，将差异化的信息等同为相同的促进经济效率提升的信息。

（二）创新系统形成与政策

演化经济学与新增长理论都认为创新和部门间的知识流动和转移对增强产业的国际竞争力是很重要的，但与新增长理论不同的是演化经济学强调创新过程的部门特征。演化经济学的学者们认为，在创新活动的系统背景和具备生产、扩散知识的部门共同结合的复杂框架下，创新才能释放产业对国际竞争力的影响。政府的责任是制定相应的政策开发完善创新系统。

演化经济学者们通过实证研究分析创新在国际竞争力形成中的作用，得到了很多的结论，但是还没有一种统一的标准模型和方法。在一般演化模型中，部门创新业务、垂直联系和跨部门知识流动、技术体制、国家和部门系统的共同演化、区域和部门系统的共同演化是创新对国际竞争力的效应的影响因素。

1. 部门创新是提升国际竞争力的内核因素

Montobbio（2003）认为，部门创新业务是国际竞争力的主要影响因素，而其中非价格因素更重要。Abramovitz（1994）通过技术差距模型研究表明，国家的创新能力、国际技术扩散的开发能力、吸收能力是生产率和人均 GDP 跨国差异形成的主要原因。Fagerberg Verspagen（2002）发现，模仿并不是自发的、简单的过程，而是一个提升社会构建能力使产业结构高级化和高成本的过程。Casrellacci（2004）通过实证研究发现，部门创新业务间接通过提高吸收能力促使产业结构的升级，进一步提高了模仿国外先进技术的能力，部门创新与新技术国际扩散对维持国际市场上的产业竞争力是很重要的。

较早提出国内市场假说的伦德瓦尔（Lundvall）在 1992 年指出，在新产品引入之初，国内市场是产品开发、检验、商业化的主要场所，产品价值链上的供应商、生产商、用户三者之间的垂直联系构成了竞争优势。之后很多学者也相继展开了研究，如 Evangelista（1999）、Marsili 和 Verspagen（2002）、Pianta 和 Vaona（2007）、Castellacci（2007），这些学者研究了不同产业的国际竞争力与国内市场垂直联系的相关性，实证中考虑了技术差距和跨部门知识流动，解释了出口市场份额的动态化、专业化的模式。

2. 技术体制直接关系到创新的过程及国际竞争力的形成

演化经济学的学者们非常关注创新过程中的学习过程，这种学习过程就是技术体制，他们认为这是企业创新发生的基本条件。Breschi 和 Malerba（1997）认为，企业创新业务具有基础知识属性。Malerba（2005）认为，给予创新业务一定数额的资金用于研究就会使创新的技术机遇和实现的可能性增大。Malerba 和 Montobbio（2003）通过研究部门技术体制对产业竞争力影响的研究发现，国际技术优势是与技术机遇、创新业务的独占性和累积性、知识基础属性是密切相关的。

Malerba（2005）和 Castelacci（2006）认为，国家创新系统和部门创新模式是相得益彰、互为前提的。Peneder（2003）认为，将产业结构调向高技术机遇的国家，经济的总体活力较强，Narula（2002）认为，如果一个国家的政策长期只关注某个核心产业领域而忽视了其他产业，就会使国家的创新系统失去活力，最终被限定在一个狭小的空间和单一的路径上。Powell 和 Grodal（2005）指出，创新网络和创新系统是内嵌在国家框架中众多繁杂的社会文化因素之中的，而且是和这些社会文化因素共同演化的。

国际竞争力的形成是区域创新系统（类似于国家创新系统塑造部门创新的业务）和部门创新模式相互影响、相互作用共同演化而形成的。这一过程有两个独特的机制：第一种机制是 Malerba 和 Breschi（2001）指出的创新的地理学和经济集群化；第二种机制是 Cappelen（2003）在考察欧洲区域趋同模式时发现，在过去十年，欧盟内部并没有路径趋同，发达区域相对落后地区更具活力，其中的根本原因是活跃的创新活动促进了区域创新系统演化。

（三）产业发展与产业政策

产业发展需要产业政策吗？目前学术界主要有以下三种观点：第一种观点认为产业发展需要产业政策。Singer（1950）、Prebisch（1950，1959）、Kuznets 和 Maddison（1994）认为，产业政策可以在改善发展中国家的国际贸易状况的同时提高收入的人均水平；Rosenstin-Rodan（1943）、Nurkse（1953）认为，产业投资政策会对一国的经济增长产生"Big Push"（大推进）效应；Amsden（1989，1994）和 Murphy（1989）认为，产业政策可以对一国的产业发展起到优化结构的效应，同时会增加国民经济总收入，使全社会的总福利得到增长。第二种观点是产业发展不需要产业政策。Scitowsky 和 Scott（1970）、Kruger（1974）、Traca（2002）和 Rodrik（2004）分别从政策失灵、寻租行为、创新激励的角度论述了产业政策制造的麻烦比试图解决的问题要多，产业政策的存在实际上为产业的发展制造了更多的人为障碍，限制了产业的发展。第三种观点认为产业政策对产业发展的影响是不确定的。代表人物有江小涓（1996）、吴忠良（1998）、Shapiro（2005）等，这些学者通过分析发现，产业政策的影响有正面的和负面的两种，具体情况要具体分析，很难一概而论产业政策是否有效。

产业政策到底该不该有，这在 2016 年的中国学术界可是一个学术亮点。这一年中国经济学界的两位大咖就"产业政策"展开了世纪之辩，这两位重量级的学者就"什么是产业政策""产业政策是否应该存在""产业政策为什么会无效""是否应该补贴第一个吃螃蟹的人""如何发挥比较优势"等问题展开了激烈的辩论，这场辩论不是简单的个人争论，林毅夫和张维迎分别代表了政府与民间、体制内与体制外、国有资本与民间资本、集权化与市场化两大利益阵营。综观国际，欧美等发达国家无一不是通过制定产业政策并给予必要的资金支持来促进产业发展的。罗德里克在其《相同的经济学不同的政策处方》（中译本，2009）一书中指出，微观企业想要获得产业发展信息是要付出成本的，而产业发展信息是具有外部性的，想要消除外部性，政府可以做很多事情。2014 年诺贝尔经济学奖得主 J. Tirole 指出，当市场出现失灵的时候，需要政府利用公共政策和规制控制市场失灵和管理市场霸权。吴敬琏（2017）认为，产业政策分为选择性和功能性两种，并从历史和理论两个角度论述了中国产业政策转型的必要性，提出产业政策面临的问题，不是存废而是转型。步丹璐、屠长文和罗宏（2017）发现，产业政策的支持能提升企业投资能力、促进资本跨区域流动，从而缓解市场分割现象。

二、关于战略性新兴产业发展的研究

（一）战略性新兴产业发展路径

熊勇清和曾丹（2011）在我国战略性新兴产业培育和发展的背景下，提出了在传统产业转型升级的基础上培育和发展我国战略性新兴产业。这两位研究者认为战略性新兴产业的培育、发展可以有这样两条路径选择：一条路径是完全在新技术的基础上进行；另一条路径是在传统产业升级转型的基础上培育新兴产业。他们结合我国当前的实际和需要，认为第二种路径的选择可能更适合我国的国情，并为此建立了国家产业政策、区域现有产业、区域经济社会现实需求三个维度的综合评价体系。喻登科、涂国平和陈华（2012）从资源与文化的相似性以及有助于支柱产业形成和区域创新系统建设等方面分析了战略性新兴产业集群协同发展的可行性和必要性，然后分别从物联网、知识链、价值链协同的角度分析了新兴产业集群的发展路径，并提出了单核、多核、星型三种产业集群的协同发展模式，据此提出了促进战略性新兴产业集群协同发展的几点策略。苑清敏和赖瑾慕（2014）从耦合的角度研究了战略性新兴产业和传统产业的关系，通过对战略性新兴产业和传统产业的动态耦合演化机理的研究，分析产业间动态耦合过程及演化趋势，进而提出了产业耦合发展促进策略。林学军（2012）认为新兴产业的发展有四种类型，即嫁接、裂变、既嫁接又裂变以及融合，不同的路径选择要建立与之相匹配的政策扶持。张晴（2016）主张战略性新兴产业要集聚交流，增加城市间的溢出效应，同时要协调各地的战略性新兴产业集聚，防止城市间竞争力差距过大。张敬文等（2017）通过对知识协同的分析，探究了战略性新兴产业集群知识协同演化行为，提出了促进产业集群知识协同的政策建议。吕洪渠和任燕燕（2018）从产业梯度转移理论的角度，解释了战略性新兴产业从技术高效率区向低效率区的变迁，并通过研究得出结论：战略性新兴产业发展过程中产业集聚的作用是正向的。

（二）战略性新兴产业发展的规律性

剑桥学者赫费南（Heffeman）等发现新兴产业的发展遵循从理念到生产的动态过程，并且这一过程从商业发展的角度来看是一个动态演进过程。马丁（Martin）等通过研究，提出了新兴产业集群的三种发展方式：第一种方式是在对已有技术进行整合的基础上为相关新产业的发展提供技术支持；第二种方式是在生产研发重组的压力下地区经济被激发而重组形成；第三种方式是新技术进入特定地区。国内相关领域的学者结合我国的经济社会发展情况，应用成熟经济理论对我国战略性新兴产业已有的发展思路与规律进行了符合中国国情的研究和探讨，目前我国战略性新兴产业发展框架体系的研究已初具雏形。瑞博认为，战略技术创新构成了产业形成的直接动力，新的需求以及由此而产生的新的供给都是重大技术有了突破而创造出来的。技术和需求相互作用、相互影响，两者共同作用的结果就是战略产业的形成。钟清流提出，战略性新兴产业的主要驱动力是创新驱动，不是投资驱动。刘刚认为，在培养和发展战略性新兴产业的过程中，支配这一过程的客观经济规律是报酬递增的规律，只有全新的、具有宏观战略意义的思维、方法、机制、路径才能实现战略性新兴产业的发展。王新新认为，战略性新兴产业发展规律的内涵是极为丰富的，它包括具有知识产权的核心技术、产业融合、强有力的产业扶持、产业链的延伸。刘洪昌（2011）研究认为，战略性新兴产业的培育和发展需要充分发挥市场和政府"两只手"的作用。市场在资源配置中起基础性作用，利用市场的供求、价值和竞争规律，用利益诱导、资源约束和市场约束的"倒逼"机制来引导科技创新活动，促进战略性新兴产业快速发展。于新东等（2011）在比较了战略性新兴产业和高新技术产业的异同后，认为战略性新兴产业的发展具有独特且明显的特征，即"科技发明—成果转化—产业兴起"这一路径。他们在战略性新兴产业的培育和发展规律中导入瓶颈理论，认为战略性新兴产业的培育和发展就是不断"遭遇瓶颈—突破瓶颈"的路径螺旋式过程。他们认为技术瓶颈、制度瓶颈、市场瓶颈、人才瓶颈、资金瓶颈是战略性新兴产业不得不面对的五大瓶颈。柳卸林等（2012）在分析光伏产业的基础上，在全球化的背景下，在各级各类政府政策的多重影响下，研究和探讨了战略性新兴产业的发展规律，提出通过打造符合战略性新兴产业发展要求的产业集群和产业链的方式，即打造技术平台的方式来抢占产业制高点。他们同时还指出，在这一过程中也会面临许多风险和挑战，如过度竞争、过度依赖国际市场、受政策影响过深等。

（三）支撑战略性新兴产业发展的要素

国内经济界的相关专家和学者在探讨和研究战略性新兴产业发展的支持要素过程中，主要有以下几种观点：

第一，强调合力支撑。从我国目前的经济社会发展阶段出发，结合我国现有的产业基础和优势，在借鉴发达经济体发展新兴产业的做法的基础上，从遵循战略性新兴产业的特点和规律的角度来分析和研究，认为培育和发展我国战略性新兴产业需要七大支柱才能构建强有力的支撑体系，这七大支柱有牢固的社会根基、正确的技术方向、过硬的创新能力、集聚的精英人才、健全的体制机制、有保障的资金投入、旺盛的市场需求。政府在战略性新兴产业发展过程中扮演的角色是引导者和培育者，通过产业的选择和规划来弥补产业发展中的市场失灵。

第二，强调政策支持。政策支持是战略性新兴产业发展的主要力量，政府要在遵循战略性新兴产业发展规律和内在属性的基础上，结合微观企业进入战略性新兴产业的特殊性来引导和激励市场个体进入战略性新兴产业。郭晓丹（2011）认为，政府要通过有目的地制定具有差异性的政策措施，多途径、多方式地降低产业发展过程的风险性，吸引众多的微观个体进入战略性新兴产业。还有学者认为，政府在培育和发展战略性新兴产业过程中，除了可以政策调控、组织协调及机制设计外，直接介入生产也是可以考虑的（肖兴志，2010；邓菁，2011；剧锦文，2011）。政府要通过实行财政补贴和税收优惠差异化的政策，引导战略性新兴产业的发展，同时要在政策绩效评价的基础上建立政策的退出机制，这样才能发挥产业政策的真正效果（柳光强，2016）。周城雄等（2017）利用产业政策功能和政策工具分类，构建了战略性新兴产业政策分析框架，探索了对政策的诊断和评估方法。

第三，强调技术支撑。面对即将到来的第四次工业革命，国内学者从技术创新的角度、技术革命的角度、资本支持的角度都做了大量的研究，其中，认为技术驱动和技术创新在我国发展战略性新兴产业中居于最重要的核心地位的研究成果较为丰富。魏杰（2011）认为只有在强大的研发能力的支持下，核心技术才能取得重大突破，才能获取自主知识产权，可见强大的研发能力是掌握产业发展主动权的唯一途径。刘刚（2010）认为，我国的战略性新兴产业是一种集官、产、学于一体的新型混合组织，产业的出现和发展是以中小创新型企业的出现、集聚和成长为主要特点的，在此基础上提出了构建自主创新高地的新规律和新机制，并进一步指出创新型新兴城市是自主创新高地的空间形态。孙丽艳等（2017）认为，中国战略性新兴产业的发展，需要建立技术创新动力机制、健全和完善技术创新投资机制、建立健全技术创新管理模式等措施，为战略性新兴产业发展提供技术支持和保证。魏洁云和贾军（2017）通过对技术创新路径锁定机理、技术创新锁定效应、技术创新的解锁模式的研究，从技术生态、技术多元化等方面提出了技术创新解锁的途径。

第四，强调资本支撑。针对战略性新兴产业发展，有些学者从金融支持产业发展的角度以及金融工具的合理运用角度，研究探讨了金融工具促进产业发展的机理。张明喜（2013）认为，在充分发挥市场机制的条件下，让创投资金发挥引导作用，将社会资本带入处于创业早期的创新型企业，并通过政策的设计鼓励民间资本的介入。顾海峰（2011）构建两体两翼的金融支持体系培育和发展战略性新兴产业，两体分别是指资本市场为核心的直接金融体系和信贷市场为核心的间接金融体系，两翼分别是指政策性金融体制和市场性金融体制，在这样的架构下，依托其内部的协调作用优化金融资源的配置，可以保证战略性新兴产业顺利发展和产业升级。徐晓兰（2011）认为，政府应设立战略性新兴产业发展投资基金，充分发挥该基金的技术撬动作用，通过一批大项目的规划、部署和投资，集中力量突破一批核心关键技术，提升我国战略性新兴产业发展的生命力。陈进和刘曦子（2016）提出，要促进战略性新兴产业发展，政府要着力构建开发性金融和商业性金融相结合的支持体系。李萌和杨扬（2017）通过增强政府的规划和引导功能，利用政策激发金融市场主体的积极性，让间接融资和直接融资为战略性新兴产业的发展做出贡献。

战略性新兴产业是在"十二五"末期才提出的新概念，在我国的发展还处于初级阶段，我国经济学界目前达成的共识是，战略性新兴产业在发展过程中面临许多的问题，如重复建设、体制机制的约束、资金缺乏、产业化能力低、自主创新能力薄弱等问题（刘洪昌和武博，2010），想要进一步培育发展战略性新兴产业，重要的是要缓解产业发展过程中的技术压力、资本压力、管理压力以及劳动力压力（熊勇清和李世才，2011），促进战略性新兴产业的培育和发展应从市场培育、企业发展、产业政策三个层面出发，仔细地研究和探讨，提出有效的政策建议（李姝，2012）。

正如钟清流指出的那样，战略性新兴产业发展过程中政府的角色定位十分重要，政府扮演的应该是组织者和引导者的角色，其主要任务是通过机制设计创造或激发战略性新兴产业内在的发展动力，同时利用政策手段改造产业生态环境。战略性新兴产业的发展是以市场为主体，政府积极参与并为之服务的模式，过去粗放的、政府主导的、政绩特点突出的模式是绝对不可行的。政府在科技创新的过程中，要鼓励微观个体技术攻关，同时还要考虑技术的市场需求，政府的主要责任是促进创新的制度安排。

（四）政策设计取向及政策节点

程新章和吴勇刚（2011）认为，致力于发展战略性新兴产业的政策应该是基于演化经济学的政策体系即创新系统的构建，并遵循以下原则：①技术变化条件下的能力构建政策；②全球化条件下的选择性干预政策；③不确定性条件下的协调政策。贺正楚和吴艳（2011）认为，战略性新兴产业的发展要从国家战略、部门政策和地方政府三个层面支持。方荣贵、银路和王敏（2010）分析了影响新兴技术商业化过程中各个阶段的因素，阐述了政策是通过界定和引导来释放政策作用的，研究者还提出在新兴技术商业化的不同阶段，政府要提供有效的政策来促使新兴技术尽快向战略性新兴产业演化。李奎和陈丽佳（2012）在"创新2.0"概念的基础上，在提出了战略性新兴产业发展的双螺旋模型的基础上，建立了战略性新兴产业促进政策体系的钻石模型，该模型中涉及财税扶持政策、金融支持政策、研究开发政策、配套支撑政策、市场推广政策、人才建设政策共计六个要素。舒锐（2013）提出，为增强我国产业政策的有效性，政府在制定和落实产业政策过程中应做到：①弱化政府直接干预，重视产业发展的内在规律；②根据经济发展阶段调整产业政策的目标；③选择恰当的产业政策工具，发挥不同工具的综合效应；④完善相应的保障机制，保证产业政策的实施效率。杨林和马顺（2012）通过分析我国财政政策支持战略性新兴产业发展的现状及问题，提出了财政政策进一步助推战略性新兴产业发展的对策。

张政和赵飞（2014）通过比较中美两国在发展新能源汽车的目标导向形成动因、目标对象、目标手段、目标主体、目标逻辑等方面的差异及特点，从重塑发展价值取向，激活市场基础配置功能等方面，提出了未来我国新能源汽车产业发展的对策建议。王丽萍（2012）基于Allee V.的价值网络分析方法，结合我国战略性新兴产业技术产业化的过程，从研究网络阶段、开发网络阶段、生产网络阶段提出了发展战略性新兴产业的政策建议。剧锦文（2011）从政府和市场分工的角度，通过界定和考察政府作为外生因素如何与市场调节这个内生变量进行配合，提出了中央政府层面和地方政府层面的政策取向和建议。刘澄（2011）认为，在培育和发展战略性新兴产业的过程中，政府制定产业政策时，需要特别注意政策实施的环境、政策体系的设计和协调、政策退出机制的建立等问题。任保全和王亮亮（2014）通过回归分析，在对比政策前后战略性新兴产业的产业整体层面和分产业层面全要素生产率的变化率时，发现我国战略性新兴产业的全要素生产率的变化率呈下滑趋势，已呈现"轻技术创新，重规模扩张"的低端化发展趋势，并提出了我国战略性新兴产业高端化发展的政策取向。贾康和刘薇（2015）提出，通过推进"普惠性"激励政策、运用结构性减税、总结示范区试点经验、提高税收政策的可操作性、鼓励长期科技投资、加强创新成果商业化、建立人力资本的税收激励机制、改进相关工作和协调机制等措施，完善科技创新创业激励机制，以期更好地发展为健康、健全、科学、合理的科技创新体系（企业为主体、市场为导向、产学研相结合）。王钦、邓洲和张晶（2017）针对我国部分战略性新兴产业发展低端化、粗放化、产能过剩、环境污染等问题提出，"十三五"期间战略性新兴产业政策调整，要依托形成核心能力这一目标着力于机制创新，主要包括参与机制、协调机制、前瞻机制和评价机制。

三、关于战略性新兴产业发展政策效应的研究

程时雄和柳剑平（2014）运用知识生产函数模型及随机前沿生产函数方法对我国 R&D 投入的产出效率进行实证研究，研究发现人力资本、贸易开放度、物质资本存量等因素均显著促进 R&D 产出效率的提升。陆国庆、王舟和张春宇（2014）通过构建 CDM 模型对政府创新补贴的绩效进行了研究，研究发现：①政府对战略性新兴产业的创新补贴的绩效是显著的，创新的外溢效应也是显著的；②外溢效应产出弹性系数较大，而政府补贴的产出弹性系数较小，且差距明显，这表明政府创新补贴对单个企业本身产出绩效作用并不大；③影响政府创新补贴绩效的两个重要因素是公司治理与财务风险状况。高艳慧、万迪昉和蔡地（2012）分析了政府补贴在缓解企业研发融资约束方面的作用，政府研发补贴在非国有企业以及市场化程度较低的地区有助于促进企业获得更多的银行贷款。巫强和刘蓓

（2014）利用动态博弈模型指出政府对研发的定额补贴不如比率补贴在促进原始创新方面有效。汪秋明、韩庆潇和杨晨（2014）从政府规制下的动态博弈分析视角分析了战略性新兴产业中的政府补贴与企业行为，通过研究发现政府补贴没有促进战略性新兴产业中的企业科研投入，需要政府通过以下政策调整来提高政府补贴的绩效：①提高政府对企业的规制效率，降低检查成本；②提高政府对企业的惩罚力度；③加快培育战略性新兴产业的市场需求。宋凌云和王贤彬（2013）实证研究发现，政府补贴显著地加速了产业结构变动，但是政府补贴所引起的这种结构变动效应具有短期性；政府补贴的结构变动效应与行业外部融资依赖度显著正相关，并且也与资本密集度和国有化程度显著正相关。董明放和韩先锋（2016）研究发现，在研发投入水平不相同的条件下，研发强度对技术效率的影响是有差异的，这种影响是非线性的且具有空间异质性，在我国的东部、中部、西部存在显著的不同。

任强和张新（2013）对公共研发支出与税收结构对企业研发投入的影响进行了实证测算，认为我国税收结构调整有助于实现税收制度对企业创新激励的最大化；提出政策工具的相互搭配有助于进一步强化财税措施对企业创新的推动作用。周华伟（2013）通过对国际上对不同形式的 R&D 税收激励方案进行比较研究，发现了 R&D 税收激励政策在产业、地区和优惠对象（企业）上能基本保持中性，财政直接补助政策相对于 R&D 税收激励政策来说具备优势。胡剑波等（2013）从公共财政支出政策、税收优惠政策、政府采购政策及其他配套政策四个角度提出了促进我国战略性新兴产业发展的财税政策建议。张继良和李琳琳（2014）比较了政府鼓励企业创新的两种方式——直接补贴与税收优惠，通过量化研究发现，在研发投入阶段财政的直接补贴发挥主要作用，而在中间产出、最终产出阶段财政的直接补贴作用微弱，税收优惠在上述三个阶段都有正向的效应，税收优惠效果整体好于直接补贴。武咸云等（2016）发现，政府补贴与企业的创新投入之间存在倒 U 形的关系，建议政府应根据企业上市时间、规模、资产负债率等因素给予企业补贴，同时要适时地建立补贴监管和退出机制。

曾铁山和袁晓东（2014）根据专利政策的作用机理，提出了专利政策的结构效应假设，并对假设进行了实证分析。研究认为，专利政策整体上对科技创新起正向促进作用，但存在结构效应；促进专利申请是现行专利政策的重点，但促进专利申请政策的综合作用指数较弱，明显不如促进专利传播政策的综合指数和促进专利利用政策的综合指数；其中促进专利利用政策的综合作用指数最高，但为现行政策所忽略。宋河发和张思重（2014）基于 WTO 原则运用政策系统分析方法提出，通过完善自主创新认定条件，把新产品政策作为创新产品认定政策，实行和完善支持自主创新尤其是中小企业的自主创新的政府采购政策，完善首购和订购政策，制定针对绿色创新产品的采购政策，完善支持自主创新的技术标准政策等一系列方式，构建自主创新政府采购政策系统。孙蕊和吴金希（2015）用内容分析方法对 40 项政策样本进行文本量化研究。通过构建"产业发展维度"和"政策支持维度"的二维分析框架，对我国战略性新兴产业政策主题频数进行统计分析，发现我国战略性新兴产业政策具有主题集中、聚焦"创新"、目标规划过多和需求层面的政策明显不足的特征。

四、简要述评

目前国内外对战略性新兴产业发展政策和政策效应分析等问题有了一定的研究，对我国战略性新兴产业发展的现状及水平做了较为全面的梳理和界定，对我国战略性新兴产业发展过程中政策的设计、原则及与以往产业政策的不同点等方面做了相关的论述，并对现有政策中的财税政策、金融政策、知识产权保护政策等方面做了相关的实证研究，就政策实施中的不足提出了完善的建议，这些都为本书奠定了很好的写作基础，但是，全面分析战略性新兴产业政策效应，从政策间联动配合的角度系统地提出发展政策的文献不足，故研究战略性新兴产业发展政策还有理论与实践的创新空间。

（1）从文献的整体查阅来看，对于战略性新兴产业的政策研究囿于某个产业或某类政策研究，涉及产业全局发展时更多的是从理念和原则角度提出政策建议，缺少必要的对现有政策的宏观分析和总结，更重要的是缺乏政策间的配合和综合考量。战略性新兴产业发展政策与该产业的发展一样，是一个复杂的系统工程，如果只从某一个角度去考察，对战略性新兴产业发展的促进作用可能都是短期的和有限的。

（2）在研究政策优化和改进的同时需要有宏观考察和微观计量的结合，因为只有这样才能在政策的制定和落实过程中尽可能地降低政策的误差，但是现有的政策效应分析在整体层面缺乏政策的联动，同时在政策效应的评价中宏观产业发展和微观企业发展之间没有建立联系，政策的解析与评价存在局限性。

（3）战略性新兴产业的发展政策体系应该是一个立体的、多角度的政策体系，它应该包括产业技术政策、产业组织政策、产业布局政策、产业结构政策；财政政策、金融政策、投资政策；教育政策、法律政策、创新政策、知识产权保护政策；等等。这些政策都是从不同角度和方面对战略性新兴产业的支持和引导，现有文献只对其中局部的政策进行了探讨，缺乏系统性的论述。

第三节　研究内容与方法

一、主要内容

本书研究的主要内容包括理论构建、实证分析、比较分析和政策建议，具体内容如下：

第一章为绪论。本章基于我国战略性新兴产业的发展，首先对选题的背景和研究的目的及意义做了介绍；其次在国内外文献方面，从新兴产业发展政策的理论研究、我国战略性新兴产业发展的研究、我国战略性新兴产业发展政策效应的研究三个方面做了文献综述和简要的述评；最后对本书的主要内容、拟解决的问题，研究方法和技术路线进行了阐述。

第二章为理论基础与研究设计。本章在市场失灵理论、比较优势理论、演化理论的基础上归纳总结了产业政策的功能，结合战略性新兴产业自身的特点,对战略性新兴产业发展的政策需求做了理论分析,同时分析了产业政策工具在战略性新兴产业发展过程中的作用机制,最终构建了产业政策工具与战略性新兴产业政策需要、产业政策功能相适应的战略性新兴产业发展的政策支持机制。战略性新兴产业发展的政策支持机制由激励催化机制、资源配置机制、信心传导机制组成,机制的运行包括四个阶段,分别是政策颁布、政策实施、反馈修正和目标达成,其中反馈修正是机制运行的核心,通过反馈修正可以考察机制作用的发挥程度。在反馈修正阶段最重要、最核心的工作是对政策实施效果进行评价,评价分为宏观和微观两个角度来进行,只有这样最终的评价效果才是科学的、合理的。本章为后续研究的进行和研究内容的展开和深化构筑了理论分析平台。

第三章为战略性新兴产业政策演变和产业发展现状。本章在战略性新兴产业发展的政策支持机制的框架下,初步对我国战略性新兴产业发展政策及机制作用做了描述性的分析。首先从总体的角度盘点了我国战略性新兴产业的综合性政策和七大产业政策的演变,并总结了政策在演变过程中所呈现出来的特点,初步得出了以下结论:①激励催化机制作用初步显现;②政策的资源配置机制初见成效;③政策的信息传导机制作用明显。在进一步的研究中,本书根据现有的统计资料,选取了41个产业作为战略性新兴产业细分产业的考察对象,通过构建产业盈利水平、产业运营水平、产业发展能力、产业债务风险、产业综合能力五个方面的产业发展指标体系,对战略性新兴产业细分产业的发展状况进行了分析。分析结果显示,战略性新兴产业的发展呈现整体水平不高、产业特点和趋势不明显、产业间发展差距大等特点,由此可以发现战略性新兴产业发展的政策支持机制作用的发挥因一些制约因素的存在而受到了限制,寻找制约政策支持机制作用发挥的阻碍因素成了下一步分析的关键,为本书遵循战略性新兴产业发展的政策支持机制运行原理寻找答案开辟了突破口。

第四章为战略性新兴产业政策支持机制的实证检验。本章运用计量经济模型方法对现行政策的有效性进行了宏观实证分析。以《中国高技术产业统计年鉴》(2009~2014年)为依据采集样本数据,选取了12个产业的数据,利用主成分分析法构建产业发展指数并将其作为被解释变量,政府政策作为累积性虚拟变量配合其他变量构建方程。研究表明,我国现行的战略性新兴产业发展政策在宏观层面是有效的，但是宏观政策总体效果非常微弱，这与第三章的结论是一致的，说明我国战略性新兴产业发展的政策支持机制已经建立，且作用也已初步发挥，但存在巨大的政策完善空间。在进一步的研究中，本书选择生物医药产业和新能源汽车产业的上市公司作为考察对象，就其发展中财税政策的作用做了微观分析，发现政策效果因产业的异质性而呈现异质性，从而找到了导致现有政策有效性不足的原因。微观分析再一次印证了第三章中对战略性新兴产业细分产业的分析结论，并找到了阻碍机制作用发挥的根本原因，即产业政策在制定的过程中对产业异质性缺乏足够的关注，导致政策在制定的过程中只注重总体的规划和引导，而忽视了产业间客观存在的差异，再加上政府制定政策时对各产业的认识本身需要一个过程且这个过程受到多重因素的影响，进而使战略性新兴产业发展的政策支持机制没有得到充分发挥。本章的研究结果为产业政策的优化提供了现实的依据。

第五章为新兴产业支持政策的国际经验借鉴。国际上发达经济体在新一轮的振兴本国经济、走出金融危机阴影的一系列举措中，不约而同地选择了适合本国发展的新兴产业作为突破口，美国提出了制造业国家创新网络建设计划；欧盟有第八框架计划，欧盟中科技强国也都有立足本国发展特点的战略，其中比较突出的是德国的"新高技术战略"，法国的"工业化新法国"，英国的"创新与研究战略"；同为亚洲国家的日本和韩国也提出了"超智能社会"和"创意产业"的发展计划。为了新兴产业的发展和繁荣，这些发达经济体的政府纷纷通过制定各项产业发展政策来促进本国新兴产业的发展。本章通过对这些政策的盘点和比较，总结了发达经济体设计需求层面、供给层面、环境层面政策的经验，为进一步优化我国战略性新兴产业发展政策，找到制约战略性新兴产业发展政策支持机制作用发挥的阻碍因素，发挥战略性新兴产业发展的政策支持机制的作用提供可借鉴的资料样本。

第六章为促进战略性新兴产业发展的政策支持机制作用发挥的政策优化建议。本章在前文的理论框架和实证分析中找到了阻碍战略性新兴产业发展政策支持机制作用发挥的制约因素，它们分别是产业政策功能定位不准、产业政策针对性不强、产业政策内容缺失、产业政策执行失控，针对这些制约因素，笔者提出了优化思路：①产业结构政策要着眼于提升全球价值链地位；②产业技术政策要着眼于协同创新网络形成；③产业组织政策要着眼于培育产业生态；④产业布局政策要着眼于发挥比较优势和协作共赢。在此基础上从需求层面产业工具、供给层面产业工具、环境层面产业工具三个角度提出了八条具体的产业政策优化建议，以期通过对政策的调整消除制约政策支持机制的阻碍因素，从而使我国战略性新兴产业发展过程中政策支持机制得到充分的发挥和释放，促进我国战略性新兴产业的发展和繁荣。

第七章为总结与研究展望。本章对本书的主要结论做出说明，提出本书的创新点，并对今后的研究进行预测和展望。

二、拟解决的关键问题

（1）构建产业政策工具与战略性新兴产业发展政策需求、产业政策功能相适应的战略性新兴产业发展的政策支持机制，并阐释其组成及运行的原理。

（2）通过构建战略性新兴产业发展水平的模型，建立战略性新兴产业发展评价指标，通过数据比较和分析，揭示现有战略性新兴产业发展的整体水平和凸显的问题，同时揭示现有的政策体系在支持战略性新兴产业发展过程中存在的问题。

（3）探索和研究在考察战略性新兴产业的政策支持机制中反馈修正阶段的研究方法。确定客观、合理、科学的政策效果评价方法，通过宏观考察战略性新兴产业发展过程中政策的作用，揭示政策在产业发展过程中作用的方向和效果；微观方面以财税政策为例，分析战略性新兴产业中隶属不同行业的上市企业的运行数据，进一步揭示不同产业政策在不同产业发展过程中的作用，进一步分析政策支持机制在产业发展过程中的作用机理，为下一步政策优化和建议提供有效的现实依据。

（4）构建有利于战略性新兴产业健康发展的新型政策体系，该政策体系主要有以下特征：一是要与我国现实产业基础相适应；二是要摆脱传统产业政策思维的惯性；三是要有利于战略性新兴产业发展的制度环境的生成。

三、研究方法

（1）理论研究。通过对查阅的相关文献进行归纳与综合，从中发现新兴产业在发展过程中存在的瓶颈和障碍，寻找到政府在新兴产业发展过程中的角色和定位，结合上述内容确定政府政策在促进新兴产业发展中介入的内容和范围，建立政府政策与新兴产业发展相协调的理论框架，为进一步论证提供依据和铺垫。

（2）LBIO。基于文献获得指标数据，从各级各类统计年鉴、技术和行业期刊报道、证券市场公布上市公司的经营情况等方面获得战略性新兴产业发展的相关案例和数据，为本书的实证研究做基础数据准备。

（3）数理建模和计量分析。利用层次分析法构建我国战略性新兴产业发展评估体系，利用模糊数学法对战略性新兴产业发展做总体的评价。在考察政策作用效果时，在以主成分分析法构建战略性新兴产业的产业发展指数的基础上，利用多元回归的方法，以道格拉斯生产函数为基础构建政策效应的宏观分析模型，证明产业政策的有效性；构建以战略性新兴产业上市公司的发展指数、企业的研发投入及总资产作为被解释函数，政府补贴和税收优惠作为解释变量的数学模型，说明产业政策的异质性。

四、技术路线

全书主要分为五部分：第一部分是构建新兴产业发展的政策支持机制，这部分是全书的理论基础；第二部分是在新兴产业发展的政策支持机制的框架下，初步对我国战略性新兴产业发展政策及机制作用进行描述性的分析；第三部分是通过宏、微观的实证分析找到制约新兴产业发展政策支持机制作用发挥的根本原因，即产业政策在制定的过程中对产业异质性缺乏足够的关注；第四部分是总结发达经济体新兴产业发展政策的经验给予我国的启示，有助于帮助我们找到制约政策支持机制作用发挥的阻碍因素；第五部分在前文的理论框架和实证分析中找到了阻碍新兴产业发展的政策支持机制作用发挥的制约因素，在此基础上从三个角度提出八条具体的产业政策优化建议，以期实现政策支持机制作用的充分发挥（见图1-1）。

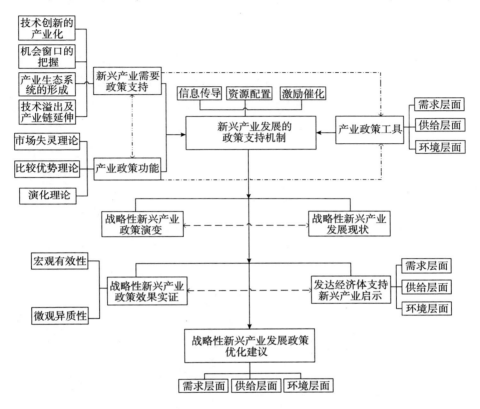

图1-1 全书技术路线

第二章

02
CHAPTER

理论基础与研究设计

产业政策可以划分为三个层次，分别为战略性政策、综合性政策和具体政策。

战略性政策又可称为元政策，即政策的源泉和发力点，它主要是指从原则和规律的角度，对政策整体的目标和重要问题的解决方法做出的规定和说明。从宏观整体的角度来看，元政策就是对政策制定的程序、方向以及政策的价值等的规定和说明。元政策是从最抽象、最基本的层面上界定各类政策功能，承担的是政策功能分配的职能。它涉及的内容是方向选择、程序规定、价值排序。

综合性政策通常是高层次的、大型的、长远的、带有战略性的政策方案，其侧重于目标描述，为下一层次的具体政策确定总体的目标和任务，是在特定领域对元政策基本价值观念的体现。综合性政策具有以下四个特征：①权威性，通常只有中央政府及其授权机关才能制定和发布；②广泛性，适用范围通常是很广泛的，一般来说，覆盖整个国家所有适用范围；③系统性，综合性政策属于大型的、总体性的政策，一定需要派生和衍生出具体的政策、具体的实行方案和执行步骤，它们之间存在着必然的联系和协调机制并形成完整的系统，通过内在的联系和相互关联的机制发生作用；④稳定性，在一个较长的时间段内不会发生大的变化，在这个较长的时期内发挥作用。

具体政策是为了实现政策目标所制定的特定而具体的政策规定，即我们通常所说的政策工具。具体的政策是实现元政策的理论构想和综合性政策目标的手段，是一套完整的行动步骤、行动方案，是为解决有形的、具体的问题而设计的，需要相关的部门和机构来具体落实。具体政策的实施效果是可以通过直接的观察在经验的基础上进行评价的。促进战略性新兴产业发展的税收优惠、财政补贴、政府采购、金融支持、知识产权保护、科技资金投入等都属于这类政策。

第一节　关于政府角色与产业政策的探讨

产业政策作为产业经济学的术语，是日本在 20 世纪 50 年代正式开始使用的，可迄今为止，关于产业政策的定义，学术界却一直没有达成共识，这是因为学者们在研究产业经济的过程中受到各自的国情、意识形态、经济发展阶段等诸多具体因素的影响。

1997年，世界银行在《世界发展报告1997：一个不断变化的世界》一书中就强调，有效政府的存在是一个国家和社会可持续发展的必要条件。政府在社会发展的某个阶段中，针对特定环境而确定的社会身份和社会地位是至关重要的。

一国经济社会在发展过程中，政府的构成和建构理念与这个国家历史、文化的积淀，进而形成的治理习惯和治理思维有着密切、深刻的联系。在经济学领域中，国内外学者单纯从西方经济学理论（虽然在学术上认为西方经济学的理论都是正确的，可实际上西方经济学理论中的很多假设条件都只是为了分析方便而存在的，因此得出的结论的正确性和指导性存在与现实相脱节的现象）探讨政府是否介入产业的发展，产业政策是否有效，政府如何通过政策性的引导促进产业调整等问题时，往往忽视了政府形成及治理习惯、社会接受等因素，实际上这些因素从根源上决定了产业政策存在的价值形态。

一、有机的政府和机械的政府

在人类目前走过的发展历史中，理性思维成果的形成主要来源于奴隶社会后期和封建社会时期，而工业社会的发展和现代思维的构建都是人类社会对历史文化的总结传承，中国和西方社会在这一点上是存在巨大差异的。

中国是一个地域辽阔、民族众多的国家，中国的古代史中大一统的不断强化和完善是常态。在春秋战国的百家争鸣中，形成了最终统治整个封建时代的以儒家思想为核心和代表的中华文化思想体系。一统的疆域、一统的思想以及由此形成的各个朝代一统的强大的中华帝国，使中国人对于强有力的中央政府的统治是普遍接受和认可的。近代在探索中国民族独立和自强的道路上，中国的仁人志士尝试了很多条道路，从西学东渐的洋务运动到推动了思想解放的辛亥革命，最终选择了现在的社会主义道路，实际上这正是源于历史的习惯和文化的传承。在新中国成立时成立的政府是有机的政府，有机的政府在社会价值选择和价值主流形成中处于引领的地位，政府在经济和社会的发展过程中起到的是牵引力的作用。这样的政府不是一个政党或几个领导人的选择，而是历史的选择，是我们的历史和文化决定了这才是我们想要的政府角色。

西方的文明起源于西西里岛的希腊，希腊的城邦制造就了欧洲大陆上的数十个国家，这些国家在不断的纷争中诠释着西方的自由和民主。封建时代的欧洲统治者以单一"天赋皇权"的宗教思想巩固统治，但这样的宗教又有不同的教派，教派间的分歧和权力的斗争没有为欧洲带来统一和安定，西方文明的花朵只在不同的区域各自盛开。开始于14世纪的欧洲文艺复兴，结束了欧洲中世纪的黑暗，对宗教的反抗、对"天赋人权"的确定为欧洲后来的发展和工业革命的开始奠定了思想基础。正是这样的发展历史，使西方国家在政府的构建过程中选择了机械的政府。美国著名的政治家亨利克莱曾指出，政府就是一个信托机构，这个信托机构是为了人们更好地实现价值而设立的。在社会价值选择和价值主流的形成过程中机械的政府起到的是推动力的作用。

殊途同归是对东西方从历史到现实的最好总结，面对未来共同的"构建人类命运共同体，建设可持续的经济社会"发展目标，我们仍然要遵循不同的历史和文化，以及因此而产生的意识形态的基础性的影响。简单地判断政府在产业发展中该不该有政策以及政策有没有价值都是片面和孤立的。

二、经济发展中政府角色的变迁

西方的历史中大体上有三种不同的政府哲学理论，分别是以英美为代表的自由主义、以德国为代表的国家主义、以法国为代表的半自由主义和半国家主义。自由主义诞生了不干预的政府（守夜人），国家主义诞生了政府干预（代表者），半自由主义和半国家主义诞生了政府中间体（代理人）。20世纪初的经济大危机和第二次世界大战让守夜人政府破产，政府干预理论登堂入室；20世纪70年代西方世界的滞涨让代表者政府威信全无，公共选择理论的代理人政府逐渐声名鹊起，与之同时出现的是新公共管理运动所倡导的"管得少、管得好"的政府。在 20 世纪后半叶的现代化进程中，人们对于"政府做什么"的关注已转变为"政府该怎么做"，在现代化治理背景中，政府作为"合作者"该怎么做，如何发挥作用、如何承担责任成为研究者重点关注的内容。

新中国的成立打破了沿袭数千年的独裁者和统治者的政府角色设定，面对客观的国际国内环境，计划经济时代的中国政府扮演着万能智者的角色，成为经济社会中的"中心人"，承担着无限的管理责任。改革开放以来经济体制和政治体制的改革，以及社会主义市场经济体系的建立促使政府对角色进行调整，需要政府在兼顾效率和公平的前提下，实现由统治者向管理者的转变。党的十八大以来的反腐败、简政放权等一系列改革举措，使政府作为服务者的角色开始被社会所认识和接触，政府的主要职能是维护社会的公平和正义，促进社会基本公共服务均等化。在社会转型的过程中，"服务者"的角色是中国政府当前的主要社会角色。由于中国目前的市场和社会力量对比不均衡，市场发育还不完善、公民社会有待进一步培育，中国政府如果盲目、仓促地学习西方，以"合作者"身份做事情，是有违现实的。

中国改革开放 40 多年所取得的成就在世界范围内是有目共睹的，中国经济建设之路以及其中中国政府角色的变换也是世人所认可和熟知的，西方经济理论中没有完整的理论体系能够解释中国经济和社会的转变，中国特色的经济建设之路还有待学者和专家们研究和总结。但我们非常确定的是，完全按照西方经济理论来判断和决定中国的未来之路是行不通的，过去不行，现在不行，将来也一定不行。现有西方经济理论可以为我们的理论研究和未来选择提供借鉴，但绝不是标准、绝不是判断依据。在面对人类社会新一轮科技革命的挑战中，在面对转变经济发展方式的任务时，在面对调整和优化产业结构的要求中，中国政府在培育和发展战略性新兴产业中出台适度合理的产业政策一定也是必选项。

第二节　产业政策工具及功能

产业政策作为产业经济学的术语，是日本在 20 世纪 70 年代正式开始使用的，可迄今为止，关于产业政策的定义，学术界一直没有达成共识，这是因为学者们在研究产业经济的过程中受到了各自的国情、意识形态、经济发展阶段等诸多具体因素的影响。

在现有的研究中，大部分学者都倾向于功能论。小宫龙太郎（1984）认为，产业政策是国家为了实现经济赶超的战略而实施的干预政策，是针对市场失灵而进行的政策干预。Page 和 Dervis（1984）则认为，产业政策是一国政府为了推动本国工业化、加速工业化的进程而实施的一系列的政府支持政策。Weiss（2011）认为，产业政策的目的是引导资源。虽然众多的功能论定义在功能的具体定位及表述上存在着差异，但究其本质都是把产业政策放在结构调整的范畴中来进行的讨论与研究。

除了功能论，也有一些学者开始强调产业政策在信息发现和传递方面所具有的功能。日本学者和太郎认为产业政策重点关注的是信息的发现和传递，政府是直接参与其中的。周叔莲、吕铁和贺俊（2008）认为，政府通过产业政策引导企业发现信息、获得信息，企业根据这些信息做出调整以适应变化，政府是一个战略管理者，发现信息和传递信息的主体是企业，政府的政策就像是催化剂，起到激励的作用。关于产业政策的研究都是服务于不同国家和地区的经济发展的需求出发的，走过了一个多层次、多角度不断发展和完善的历程，从最早的调整结构到弥补市场的不足，再到目前的发现信息和传递信息，产业政策的内涵在争论中日渐丰满。

一、产业政策工具

在商务印书馆出版发行的第五版《现代汉语大词典》中，关于工具的解释是，进行生产劳动时所使用的器具，同时也可以比喻为用以达到目的的事物。政策工具就是组成公共政策体系的元素，是由政府所掌握的、可以运用的、达成政策目标的手段和措施。政策工具体系是一系列显示出相似特征的活动，其焦点是影响和治理社会过程中具有公共特征的政策活动的集合。产业政策工具是指政府为了促进产业发展、实现产业发展的目标而采用的一系列措施和手段。

在 20 世纪 80 年代中期 Rothwell 和 Zegvel 的分析框架下，结合战略性新兴产业发展的现状，根据政策工具在产业发展中的作用面的差异，可以将产业政策的工具分为三大类，分别是需求面政策体系、供给面政策体系和环境面政策体系。

需求面政策体系是指政府通过一系列的政策设计，降低市场的不确定性，为战略性新兴产业的产品开拓稳定的市场，促进新技术、新产品的开发和应用，提升产品的市场接受度，增强产业过程中的价值实现和回流。这类政策工具主要有政府采购政策、风险投资政策、技术标准政策等。

供给面政策体系是指政府通过对产业发展过程中人、财、物等的直接支持，增加对战略性新兴产业生产要素的供给，提升微观个体对先进技术的消化吸收能力、技术创新能力，促进产业内创新体系的形成，促进产业链的延伸。这类政策工具主要有财政补贴政策、金融支持政策，技术引进和开发政策等。

环境面政策体系是指政府通过一系列完善的制度和相应的政策，营造有利于战略性新兴产业发展的外部环境，间接激励和诱导微观企业致力于技术的研发活动，同时为创新体系的形成提供便利条件，从而使微观个体能够专心致力于新产品的开发和新技术的运用。这类政策工具主要有税收优惠政策、公共服务政策、知识产权保护政策等。

二、弥补市场失灵优化资源配置

经济学中市场失灵指的是，竞争性制度无法实现帕累托最优的状况，又称为市场失败，具体表现为垄断、信息不充分、外部效应、公共物品。

（一）治理垄断，保证效率和公共福利

市场效率是以自由竞争为前提的，当某些产业凭借强大的技术优势形

成规模经济时，就会形成规模收益递增和成本递减的趋势，这时就形成了垄断。垄断者可以凭借自己的市场支配地位，通过限制产量、抬高价格，使价格高于边际成本，从而获得额外利润，这样就丧失了市场效率。政府通过对垄断的干预，为潜在的产业进入者（竞争者）降低行业壁垒，从而产生鲶鱼效应，提升了产业发展的活力，同时政府的干预也为新技术的开发和扩散创造了有利的条件，这会使整个经济体得到规模经济效应和技术的正外部性效益。

（二）克服信息不完全，塑造公平竞争的环境

信息不完全既指认知能力有限导致无法了解和掌握信息的"绝对"的信息不完全，也指在市场运行过程中自身不能产生足够的信息，并且不能有效地配置这些信息的"相对"的信息不完全。在这样的环境下，企业没有平等的机会获得发展，进而会影响竞争。信息的不完全会导致逆向选择和道德风险，逆向选择是指市场的参与者做出了错误的决定放弃了正确的选择，道德风险是指由于对代理人的信息匮乏，代理人行为不能完全被监测，使代理人具有不履行契约的机会（代理人机会主义增强）。政府可以通过制定有效的竞争政策塑造公平的竞争机会，并通过在某些产业中倡导非机会主义对产业进行战略性管理，促进产业的健康发展。

（三）提供公共物品，打造产业发展平台

公共物品区别于私人物品的两个特征是非排他性和非竞争性。非排他性是指存在"免费搭车者"和无票乘客现象，即只要社会存在公共物品，就不能将任何人排除在消费该种产品之外，也就是说在该公共物品的有效覆盖范围内任一消费者都可以免费使用该公共产品；非竞争性指的是该产品一旦被提供，消费者数量的变化不影响消费者消费该产品的数量和质量，其他人消费该产品的额外成本为零，也就是说，增加消费者的边际成本为零。公共物品还有一个重要的特性，就是正外部性，即公共物品给社会带来的收益大于公共物品给单个私人带来的收益之和。企业在生产过程中，从原材料的购入到人才的引进与培养，从产品的生产到市场的销售和推广，从产品的检验到企业契约的订立和实施，都需要大量的公共的生产条件，这些生产条件如果让单个企业来负担会使企业的运营

成本增加，生产及创新阻力增大，从而影响整个产业的健康发展。政府为企业提供产业发展的公共物品，打造服务完备的产业平台，有利于企业专注于产品的研发升级换代，有利于企业将经营的重心集中于产品本身而非其他方面，有利于企业间的合理竞争从而提升产业发展水平，其所形成的合力将促使产业结构、产品结构调整，以适应复杂多变的市场需求，增强产业竞争力。

（四）外部性内在化，增强企业发展责任感

20 世纪初，马歇尔和庇古提出了外部性的概念，所谓外部性就是指一个经济主体的经济活动对周围的旁观者产生了影响，使其福利增加或减少了，而这个经济主体却不必为旁观者福利的减少负责或因福利的增加得到补偿。经济活动主体的行为减少了旁观者福利，称之为外部负效应或外部不经济；经济活动主体的行为增加了旁观者福利，称之为外部正效应或外部经济。外部效应是市场中一个经济主体对另一个经济主体的"非市场性"附带影响。正是因为外部效应的存在，才使市场竞争性的制度不能实现社会资源的最优配置，即达到帕累托最优状态。一个自身活动能给社会带来福利增加的经济体，如果不能得到相应的收益，那么其活动会难以为继，反之一个自身活动给社会带来福利损失的经济体，如果不能得到相应的抑制，那么其活动就会不断扩张。科斯认为外部性是可以被内在化的，外部性内在化指的是对产生外部性的经济人给予相应的惩罚（负外部性）或奖励（正外部性）。政府必须制定合理的规制保护经济人的正外部性活动，抑制负外部性活动，建立符合社会发展要求和企业价值实现的管理体系，保护和促进企业合理合法的利益实现机制，严惩破坏和阻碍经济健康发展的恶劣行为，规范市场秩序，增强企业发展的责任感，为产业水平的整体提升提供坚实的制度保障。

三、推进产业结构优化促进产业优势生成

产业结构变化的推动力在于资源比较优势的变化。对于我国来说，经过几十年的改革开放和市场经济的建设，国民经济无论是总量还是平均量都得到了长足的发展，发生了巨大的变化。伴随着人口老龄化的加剧、人

均收入水平的提高、资本丰裕度的增加，劳动力变得日益昂贵，传统的劳动密集型产业的比较优势正在逐渐丧失（国际知名的服装企业纷纷迁离我国就是很好的明证），产业结构客观上提出了向资本密集型转变的要求，而如果经济的发展和产业结构的变化仅由市场中的价格信号通过层层传递来实现，那么我们将失去发展的机会，永远跟随发达国家，处于产业链的末端并最终彻底丧失国家竞争力。这就需要政府制定经济发展政策尤其是产业政策，从国际视角以及技术进步的视角为我国产业结构的调整指明方向，加快产业结构转型升级的步伐。

政府发布产业政策有以下几个功能：

（1）收集、整理、发布信息，为企业生产调整和选择提供指导性建议。市场的逐利性、短视以及主体众多使正确信息的生成、流动及判别面临着巨大的阻碍和干扰。对于单个市场主体来说，把握市场走向，对未来做出正确的判断困难重重，这样就难免出现企业决策的失误和重复建设等问题，给企业带来不必要的损失。政府通过专门的机构收集整理产业、产品及相关技术的信息，分析产业的未来走向和趋势，最终以政策的方式向社会发布，减少了企业在生产中资源错配的概率。企业得到了正确的引导，可根据比较优势的变化进行产品和技术的选择，众多的企业在产业结构的调整中选择了正确的道路，这不仅加快了产业内部及产业间的合理分工，建立了顺应时代的生产秩序，而且反过来又可以加快产业结构升级的步伐。

（2）协调社会资源，营造良好的生长环境，最大限度地释放比较优势。内生比较优势理论中强调通过技术升级来实现产业结构的调整和优化，现代高新技术已不是单靠一项创新就能实现的，它往往是由一个复杂系统组成的多个模块构成，涉及众多的领域和范畴。企业在创新的过程中需要通过技术联盟和战略协议才能实现，而这一切需要资本、人才、市场等众多要素的协调参与，对于单个企业或产业来说依靠自身的力量往往难以实现资源合理、及时的配置，政府通过产业组织政策、产业布局政策、产业结构政策、产业技术政策的制定来协调制度、资本、人才、市场等在产业发展过程中的社会资源配置，为企业打造适合的产品结构、技术结构、产业结构的转型升级培养环境，能使企业专心地根据自身的发展优势找准未来的产品市场定位，最大限度地释放比较优势。

（3）以鼓励性的财税政策工具引导产业获取内生比较优势。衡量现代产业发展水平的内核指标是先进技术的保有量和保有率，而新技术的研发及推广却是一件非常不容易的事，研发过程中的失败、中试过程中工艺的调整以及产品的市场开发都需要企业付出大量的资本成本和时间成本，成本的增加必将影响最终利润的实现，而新技术、新工艺、新手段是判定产业发展层级的重要标志，化解两者间的矛盾并获取产业发展的制高点是政府政策的最终目的，政府可以制定一系列的财政税收优惠政策，为企业研发活动、新产品上市提供奖励和补贴，相应地减轻了研发企业的成本负担，并在行业内起到了示范作用，会大大地提高产业内企业的创新积极性，为创新的从实验室研制到市场应用提供助推剂，有利于产业内生比较优势的较快形成，使产业可以尽快地将内生比较优势转化为竞争优势。

四、推动创新体系的形成，提升产业发展能力

（一）构建创新活动的生长环境，加速创新体系的形成

英国学者 C. Freeman 等在 1987 年提出了国家创新体系的概念，他们认为国家创新体系是一个网络系统，这个网络系统是由公共部门和私人部门及其机构构成的。在国家创新系统中突出强调每一个行为主体间的相互作用以及制度安排，这么做的目的是更加有效地创造、引进、改善和扩散新的知识和新的技术，提高一国的技术创新绩效。国家创新系统是试图在政府、企业、大学、科研院所、中介组织和中介机构间找到一组共同的社会经济目标，并通过有效的相互影响和相互作用，为创新的产生和发展提供关键核心的动力系统。它的主要功能是优化实现创新的资源配置，协调系统内各主体的创新活动。一个国家是否存在创新体系直接决定着这个国家的技术创新能力，政府在创新体系中是领导者的角色，政府要通过建立国家创新体系来引导、支持、促进技术创新的产生与演进，政府通过资金的投入、政策的制定、法律条款的颁布及实施、宏观调控工具的使用调控创新体系。

知识和创新是演化理论的两个核心，创新和增长的范式是以创新体系和创新集群为核心而建立的。创新是一个非常丰富的概念，它是多维度的，是竞争力的灵魂。新知识的生产、新技术的研发与应用、新产品的推广在现代市场体系和技术体系中基本都不可能由单一的企业来完成，大多都是通过企业间的合作来完成的，企业间的合作与利益共享及分成，除了需要合作者间的信任外还需要法律及契约的规范。创新的效率与企业规模之间并不是线性关系，在创新意愿和创新积极性以及创新的能力等方面中小企业优势往往更为突出，而中小企业一般受市场的驾控能力较弱、资金瓶颈普遍存在、管理水平有限、市场谈判能力不足等问题的困扰，需要一个综合的服务平台才能把创新的思想转化为现实的生产力。上述这一切实际上为政府产业政策作用的发挥提供了广阔的空间。

(二) 通过战略管理，提高技术系统创新的能力

党的十八大以来，党中央对深化行政体制改革提出了明确要求。党的十八届三中全会强调，经济体制改革的核心问题是处理好政府和市场的关系，使市场在资源配置中起决定性作用和更好地发挥政府作用。我国政府致力于推进行政体制改革、转变政府职能，把简政放权、放管结合作为"先手棋"。长期以来，政府对微观经济运行干预过多、管得过死，重审批、轻监管，不仅抑制经济发展活力，而且行政成本高，也容易滋生腐败。推进简政放权、放管结合，是解决这些突出矛盾和问题的关键一招，也紧紧抓住了行政体制改革和经济体制改革的核心，把握了完善社会主义市场经济体制、加强社会建设的要点。战略性新兴产业的培育和发展，更多的是依靠市场的力量来整合发展，政府不应该像过去传统的产业干预政策那样事无巨细、重点帮扶，而应该是宏观把握产业发展方向，着力于产业动态能力的培养，通过市场的优胜劣汰机制，把符合经济社会发展要求的优良企业保留、发展、繁荣起来，只有具备这样的战略性新兴产业性质的微观个体才是符合我国未来经济发展要求的企业。

动态能力 (Dynamic Capability) 是指通过培育、协调和重新配置企业或产业的资源来应对市场变化的能力 (Teece 等，1997)，动态能力导向的产业政策就是政府和私人部门通过合作和共同参与，引导产业和企业对不断变化的市场环境做出适应性的调整，以促进产业部门向有效的均衡收敛

的政策。

（1）政府在产业发展中是战略管理者。基于动态能力培养的产业政策的理论基础是演化理论，政府的作用是通过与产业中微观个体的互动和信息交流，与企业共同克服发展障碍，最终形成环境和产业良性互动的态势。Hoff 和 Stiglitz（2001）认为，在演化经济学中，市场是不确定的，政府和市场也不是可以相互替代或对立的，市场机制作用的发挥实质上是政府和市场中的私人部门密切合作，共同克服信息问题和协调问题的过程。政策的作用对象是特定的活动，而不是产业部门自身。政府在与企业合作、优化产业发展环境的过程中，履行的是战略管理的职能。

（2）政府是整合技术系统创新的组织者。面对当前的国际国内形势，在我国市场结构日益成熟的大背景下，加强现有企业和产品的传统产业政策已经不符合客观规律和历史趋势。遵循演化理论中的创新规律是实现我国未来国民经济发展目标的正确路径，产业政策应鼓励和促进创新活动，增强产业和企业的可持续发展能力，促进产业和企业在不断发展进化的环境中加强自身的动态性和适应性。市场中的技术前沿信息、技术边界信息、成本信息等是在不断的创新活动中逐步被发现和揭示的，无论是政府还是现有的企业都不可能掌握完全的市场信息，政府制定政策的目的是激励微观个体的创新活动，促使信息在产业部门的扩散。

政府政策的功能是打破和摆脱经济体系中低水平的均衡，诱导经济系统向高水平均衡收敛。复杂产品中包括众多的模块和元器件以及两者间的技术界面，这就意味着模块、元器件、技术界面的技术研发激励取决于其他模块、元器件、技术界面的创新研发活动，创新者之间是一种互补性的关系，当成本过高或技术市场不完善时，任意一个创新者终止投资就会出现协调失败，这时需要政府通过研发优惠、研发奖励以及构建信息交流平台等手段促使各技术创新主体达成共同研发的共识并进行必要的合作开发，从而保证复杂产品的创新，政府在其中扮演的是整体技术系统创新的组织者角色。

第三节　战略性新兴产业发展的政策需求

我国战略性新兴产业的选择是在遵循技术发展规律和市场需求变化升级的背景下，结合我国宏观经济发展目标以及深化市场经济改革，调整和优化产业结构的客观需求进行的国家宏观战略性的选择。战略性新兴产业的发展需要政策的支持和促进，这不仅是政府的主观判断，更是新兴产业客观发展的需求。

一、创新引领需要政策支持

（一）创新是战略性新兴产业内涵的核心

1. 战略性产业

迄今为止，战略性产业在学术界还没有达成统一的理论共识，最早提出这个概念的是经济学家赫希曼，他认为战略性产业是一个经济体系，在这个体系中投入和产出的关系是最为密切的。蒂斯（1991）认为，战略性产业是学习型经济、网络经济、规模经济、范围经济，这些特征使它具有极强的生命力。赵玉林认为，战略性产业是指能够在未来成为主导产业或支柱产业的新兴产业，并在国民经济规划中先行发展以引导其他产业向某一战略方向发展的产业或产业群。

本书认为，战略性产业是指那些能反映国家战略意图，符合国家发展的战略需要，既支持了现期经济的运行和发展增长，又代表了经济未来的发展方向和未来的技术方向的产业，它是一个国家和政府为了实现产业结构优化和产业升级的目标所选定的。战略性产业具有成为未来经济发展中主导产业或支柱产业的可能性，其决定因素有产业的成长潜力、自身的技术特点、产品的市场前景、国家资源的特定条件、产业在发展过程中获取资源的能力、现有的产业结构状况等，国家或政府通过投资，在短期内建立产业的发展基础，占领产业制高点，提高产业的供给能力进而改变本国或本地区产业的国际地位或区域地位。

战略性产业可以分为两类：一类是自身市场小，外部溢出大。这类产业本身的产业盈利有限，但对整个国民经济的外溢性贡献很大，一般都是国民经济发展过程中的上游产业，如机床制造业；另一类是自身的经济效应巨大，同时外部效应溢出也很大，这类产业不仅保证了经济体的安全运作并提升了产业素质，而且在市场上获得了高额的经济附加值，同时提供了高工资的就业源，其发展规模和技术水平成为一国综合国力和国际地位的新标志，如集成电路产业。由此可见战略性产业主要有以下特征：①具有领先的技术和较强的产业扩张性；②与其他产业有密切的关联性，对其他产业有较强的渗透性；③具有较为明显且巨大的外溢性，外溢性包括产品的外溢性和技术的外溢性；④经济效益具有长期性。

2. 新兴产业

相对于战略性产业，国内外学者对新兴产业做了较多的理论探讨，斯特凡·凯斯廷（Stefan Kesting）认为，新兴产业分为两类：一类是全新的产业；另一类是产业环境的变化使原有产业经历了显著新增长的产业。布兰克（Blank）认为，新兴产业是一种不确定的产业，它是由一个新的产品或者一个新的创意形成的，市场调节不确定，市场需求不确定，增长潜力不确定，也没有什么基本经验或者路径可以遵循。黄南（2008）认为，狭义的新兴产业是指利用革命性的科技成果发展起来的高技术产业，广义的新兴产业是指所有利用先进科技成果发展起来的，创新性突出，具有较高的劳动生产率，处于产业生命周期成长期的产业。张绍春（2010）认为，新兴产业是指随着新的科研成果和新技术的发明、应用而出现的新部门和行业，目前我国的新兴产业分为三类：①新技术产业化形成的产业；②高新技术改造传统产业形成的新产业；③传统的社会公益行业引入市场化运营模式后形成的新产业。

本书认为，新兴产业是指以新的科研成果和新技术的发明应用为基础，在市场产生新的需求、产业结构优化升级的背景下出现的，参与形成新的社会分工，处于产业生命周期成长阶段的产业。新兴产业是相对于旧产业而言的，是代表社会进步的革命力量，体现了创新性、融合性、时代性的特征。

新兴产业之所以会产生和发展，主要是基于两个原因：一个是外在因素。随着科学技术的进步和社会生产力的不断发展，以及资源稀缺性的制约，在人类日益增长的物质需求和精神需求的推动下，人类的创造力不断得到释放，为了更合理有效地利用资源，为了最大限度地满足人类自身发展的需要，社会分工呈现高度细化和综合趋进的态势，从而使产业结构发生了量的积累和质的变化。另一个是内在的因素。人类社会劳动方式已经发生了根本性的变化，规范化、技术动力化、流动服务一体化三大环节构成了具有自组织—自发展特征的产业大系统（宋毅，1993），产业系统结构的日益复杂化为新兴产业的产生和发展提供了空间，产业外部分工与扩展为新兴产业的产生和发展提供了机会，产业创新和企业创新为新兴产业的发展提供了条件，新兴产业在这样的环境中应运而生也就是水到渠成的事了。

新兴产业在形成和发展的初期主要呈现以下特点：没有明显的市场需求，没有定型技术、设备、服务及产品，没有可参照的标准（需要系统创新），没有完备且成熟的上游产业链，没有促进产业发展的明确的政策体系引导，但新兴产业的发展能够满足日益增长的社会有效需求，增加社会有效供给，提高全社会的生产效率，提高国家或地区的综合实力。

3. 战略性新兴产业

"战略性新兴产业"是一个双层内涵的提法：一方面是战略产业，另一方面是新兴产业。对于战略性新兴产业的界定，温家宝总理指出，"战略性"是指不可或缺的，"新兴"则是指市场尚未形成规模。一方面，战略性产业的存亡，是从国家整体利益出发，关系到国家的经济命脉和国家安全，关系到我国在世界经济、政治、军事事务中的战略行动能力，对提升国家综合实力具有重大作用；另一方面，新兴产业代表着市场对经济系统整体产出的新要求和产业结构转换的新方向，代表着科学技术产业化的新水平，且处于形成发展初期阶段，其具有明显的技术驱动和重大科技创新的特征，同时能够符合市场需求或创新的需求。《国务院关于加快培育和发展战略性新兴产业的决定》中指出，战略性新兴产业是"以重大技术突破和重大发展需求为基础，对经济社会全局和长远发展具有重大引领带动作用，知识技术密集、物质资源消耗少、成长潜力大、综合效益好的产业"。

（二）创新产业化进程需要政策支持

技术创新是战略性新兴产业的灵魂，技术创新从产生的角度来说可以分为两类，分别为源发性技术创新（自主创新）和引进模仿型的技术创新。

源发性技术创新的起点是基础科学研究。基础科学研究是发现新的科学原理的源泉，其产品是新的科学发现，属于公共物品。在以货币作为价值尺度的市场运行环境中，基础研究的成果是"无价"的，微观的市场个体对科学原理价值的认可是严重缺失的。面对经济利益至上的市场运行规则导致的市场失灵，政府有责任直接支持基础研究，为基础研究提供资金的扶持。以基础科学原理为起点的应用研究，其产品是技术发明，技术发明是为解决技术问题而提出的创造性措施和方案，表现为新产品新工艺的初创，但这样的尝试一般是在实验室中实现的，不能在再生产中直接应用，还需要大量的技术优化即不断地实验，最终才能开发出符合直接生产条件的技术，完成生产化的目标。技术发明过程中风险极高，往往是在不断的失败中总结经验、改进设计，不断地试错为微观个体带来了沉重的经济负担，在多次的失败打击中微观个体的研发积极性会递减甚至会放弃，最终无法逾越技术价值链中的死亡谷，使科技成果的转化率维持在较低的水平。政府在这个阶段如能建立促进企业研发的政策体系，为企业的技术发明提供金融、财税等优惠措施，建立科研机构与企业顺畅交流的合作平台，将大大增强企业技术发明的主观能动性，加速核心技术的形成过程，提高科技成果的转化率。核心关键技术获得突破后，新技术在走向工程化的道路中，主要是围绕以新技术为核心的生产主系统和子系统的形成来展开的，大量的竞争性设计与新旧技术的更迭混杂在一起，主导设计形成的方向不明朗，市场微观个体在纷繁复杂的环境中非常容易迷失方向。市场的需求是主导设计的唯一选择，政府通过构建公共的市场信息统计分析和披露的平台，克服信息不完全和不充分的缺点，将会加快技术—工程这一进程，帮助企业完成研发活动的第二次飞跃（见图2-1）。

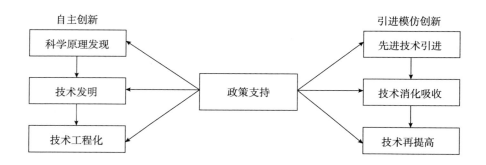

图 2-1　政策的支持能加速技术创新的产业化

引进模仿型的技术创新省去了自主创新中大量基础研究和技术发明中的失败和试错，是以资金为媒介获得一部分先进的科学技术，可如果不认真地研究、消化、吸收这些新技术，技术引进者也只能是产品形成价值链中的普通生产者。先进科学技术的消化吸收是关系到微观个体盈利水平乃至生死存亡的关键点，需要企业投入大量的人力、物力、财力，在没有外力介入的情况下，这一过程较长并且是痛苦的，时刻都在考验着企业的承受能力。同时，先进技术的消化吸收需要群策群力的"集体"力量，需要在协作中才能加速这一过程，政府的及时介入将有利于提升先进技术消化吸收的水平和速度，通过对企业的减负、对企业研发行为的鼓励以及构建行业技术交流的合作平台等多种方式实现技术的消化吸收，为技术水平的再提高打下一个良好的基础。

政府对于科学技术研究的投入会对技术创新向战略性新兴产业的转化进程起到加速作用。政府对战略性新兴产业发展所需的前沿技术和关键技术开发的支持，会为重大的技术突破创造机会，各级各类科学技术计划为战略性新兴产业的发展提供了大量的科研成果，为产业的发展提供了大量技术优化的可能性路径和选择。政府通过制定战略性新兴产业的发展规划，可以加速技术选择的过程，为微观企业选择满足市场需求的技术提供了价值标准，有助于微观客体确定研发的主导方向与目标，加速主导技术的形成。同时政府的发展规划也为新技术的应用和推广奠定了市场基础、拓展了市场空间，为包含新技术的新产品提升了市场的认可度。

二、战略安排需要政策引导

（一）战略性新兴产业的培育和发展是未来发展战略

2015 年，党的十八届五中全会提出，在"十三五"未来发展中，"产业要迈向中高端水平"，"坚持创新发展，必须把创新摆在国家发展全局的核心位置"，"培育发展新动力，优化劳动力、资本、土地、技术、管理等要素配置，激发创新创业活力，推动大众创业、万众创新，释放新需求，创造新供给，推动新技术、新产业、新业态蓬勃发展"，战略性新兴产业是我国未来先导产业和支柱产业的重要组成部分，将为我国"十三五"目标规划的落实和实现做出重要的贡献，将引领我国未来可持续发展的战略方向。

1. 破解发展难题，拓展发展空间，抢占未来发展制高点的迫切需要

回顾历史，经济危机催生科技和产业革命，孕育着战略性新兴产业。我国战略性新兴产业的概念的提出，正值全球国际金融危机肆虐最盛之时，我国政府审时度势提出了七大战略性新兴产业的发展规划，实际上，截至目前经济危机也还没有结束。伴随着我国经济总量的提升以及人均收入水平的提高，我国经济未来的发展面临着内忧外困的局面，"内忧"主要表现为我国一直以来靠出口和投资拉动促进经济发展的模式已经难以为继，过去不可持续发展带来的一系列恶果正逐步显现出来，中等收入陷阱的魔咒开始回响，我们急需新的经济发展道路。"外困"主要表现为敌视中国的外国势力，以"中国威胁论"为依据处处在我国走向国际大国的道路上设限，到处制造摩擦和事端，全方位多角度地制造麻烦，我国的大国之路注定不是一帆风顺的，而其中经济的发展质量和先进技术的拥有度将是破解这一难题的关键所在。综观当前，世界上每个主要经济体都把战略的重点放在了夺取经济科技至高点上，各国政府纷纷通过制定国家战略把发展新兴产业作为未来产业结构调整的重点，这些被选定的新兴产业都关系着国家的安全，对本国的国民经济有着重大的影响力，是未来经济新的增长点，同时各国政府把科技创新当作最重要的战略投资。所有的这一切表明，未来国际社会将进入一个科技创新密集出现的时代，重大的发现和

发明将对人类社会的生产生活方式带来革命性的改变，新兴产业将成为推动世界经济发展的主导力量。正是基于这样的原因，我国要积极培育和发展战略性新兴产业，迎接挑战，提升经济科技实力，这不仅重要而且十分紧迫。

2. 转变经济发展方式，实现可持续发展的客观要求

自改革开放以来，我国经济发展道路的选择主要依据的是比较优势理论，依托人口红利，走低成本、低价格的路线，在参与国际分工的过程中往往也处于产业链的末端，这种高投入、粗放式、外延式的发展道路让我国社会经济的发展承受了巨大的压力。如今这些压力都开始转变成现实的问题，"中国制造"不高的声誉、日益突出的环境问题、城乡差距扩大、就业难等不断困扰着我们。这些不可持续发展产生的困局与随之而来的一系列社会问题混杂在一起，对我国经济社会发展的走向提出了严峻的挑战。要促进经济社会的可持续发展，转变经济发展方式，就需要发展资源消耗低、科技含量高、带动作用大、经济效益好的产业，同时还要有利于生态环境的改善，而战略性新兴产业恰恰具有这些特征。节能环保、新一代信息技术、生物、高端装备制造、新能源、新材料和新能源汽车七个产业符合我国政府提出的创新驱动战略，具备引领经济发展新常态的能力，能为我国经济社会发展的平衡性、包容性、可持续性提供产业支持，大力培育和发展战略性新兴产业可以走出一条资源消耗低、技术含量高、综合效益好的发展新路，从过去拼资源、拼环境转变为科技创新和管理创新的可持续发展，促进经济正向转变，实现经济结构优化升级，从而适应国内外经济发展形势的需要。

（二）产业发展和繁荣机会窗口的把握需要政策引导

2008 年金融危机的爆发，凸显了世界发达国家在曾经的产业发展中"去制造业"发展模式的弊端，为了振兴本国经济，发达国家纷纷制定了翔实而具体的发展计划，雄心勃勃地想通过加大对新技术的研发和应用推动新兴产业的发展，力图对产业结构和布局进行调整，寻找新的经济增长点，摆脱经济发展的困局，重振昔日经济的繁荣。从历史的角度看，对危机的中文解释是最符合客观发展规律的，全球性的经济衰退往往意味着新兴产业发展的机会窗口正在形成。机会窗口的开启不是永恒的，只有抓住

了开启的机遇，才会重回经济增长的轨道。2006 年德鲁克在《21 世纪的管理挑战》中指出，创新者只有在机会窗口开启时进入产业才会获得发展的机遇，否则机遇会一去不返。2005 年，司春林在《企业创新空间和技术管理》中也指出，技术和市场共同决定着机会窗口的开启与关闭，对于企业来说，对机会的识别是至关重要的。

机会窗口的开启大体上有两种模式：第一种模式是技术断裂开启。技术断裂也可称为不连续技术，当旧技术不能满足社会需求时就会发生技术断裂，主要包括技术的主不连续性（一个技术生命周期到另一个技术生命周期）和技术的子不连续性（技术从一个子循环到另一个子循环），Ehrnberg（1995）将技术断裂归纳为三类：新兴产业的产生；产业内新技术对旧技术的替代；新产品技术和新过程技术在技术子循环中的变化。Tushman（1986）发现，渐进式的技术发展会被不连续技术打断，产业竞争环境的不确定性显著提高，产业盈利水平也显著升高。出现不连续技术时，就是机会窗口开启之时，是进入新兴产业的最佳时期。从微观主体本身来说，由于市场中信息不充分和不完全以及外部性等问题的影响，对于机会窗口的把握是相对欠缺的，政府通过制定发展规划和指导意见，引导创新者向机会窗口偏移，赢得产业发展的黄金时期。机会窗口开启的第二种模式是技术的平行发展演化开启。新技术产生后，技术的进化可以沿着多条技术轨迹展开，技术的平行性产业由于不存在技术壁垒，成为新兴产业进入的又一个良机。经验表明，技术创新和技术发明一般发生在中小微企业中，比如我国 70% 的发明专利、82% 以上的新产品开发都是中小微企业发生和完成的，而中小微企业在发展过程中面临着众多发展问题，如创新环境不公平、融资困难、人才流动频繁、技术创新服务欠缺等，政府通过为这类企业制定切合实际发展需要的政策体系，帮助企业解决发展中的瓶颈，为企业的技术研究和进化提供便利的政策环境，有助于企业把握机会窗口的发展良机。

随着新兴产业的发展日益成熟，当技术标准确立后，就会产生技术壁垒，机会窗口就会关闭，其他国家想要在相同的领域有所作为将变得困难重重甚至是不可能。先进入国家会凭借技术、地缘等优势，使该产业向本国或本地区集中，本国和本地区将逐渐成为该新兴产业的核心，成为引领该新兴产业的领头羊，对国家的社会经济产生深远的影响。

三、风险化解需要政策护航

（一）高风险性是战略性新兴产业的突出特征

战略性新兴产业是促进我国产业结构优化升级的新生力量，与传统产业相比，有其自身的特点。理论界有很多的专家学者都对其进行了大量的论述，刘洪昌（2011）、王新新（2011）、刘玉忠（2011）、林学军（2012）认为战略性新兴产业的特性有战略性、风险性、成长性、导向性、创新性、关联性、引导性、准公共性、前瞻性、外部性、产业技术领先、高风险性、高成长性、全局性、长远性、动态性、市场不确定性、战略性、创新性、外部性。凡此种种，不一一概述。本书在总结已有理论分析的基础上认为战略性新兴产业具有以下几个特征：

第一，科技含量高、技术门槛高，拥有技术制高点。战略性新兴产业是引领未来的先导产业，以重大技术突破为产业发展的核心和基础，符合新科学技术发展的趋势。

第二，产业规模大、产业关联性强，引导和带动能力强。战略性新兴产业的发展关系到我国产业结构优化升级的方向和内容，关系到我国经济发展方式转变的未来，其自身发展过程中呈现出的巨大的外溢性（产品和技术），将会对我国国民经济的发展产生巨大的影响，进而对我国综合生产力的提升以及我国在国际产业链中地位的变化起到至关重要的推动作用。

第三，市场潜力大、成长性良好，能够促进社会需求结构的变化。战略性新兴产业是在市场需求不断进化、国家实力不断增强的土壤中成长出来的，符合社会经济发展的客观要求，社会的接受度较强。在当今社会日益多元化、复杂化的背景下，其产品迎合了社会需求的变化，并通过不断地技术升级和改造引导需求变化的方向，而这种变化是有别于传统需求的修补，它是革命性的。

第四，产业发展过程中呈现多层次的不确定性。战略性新兴产业主要是先进技术衍生出来的产业集群，在技术层面上还有较大的完善和改进的空间，技术创新过程中的破坏性选择效应可能会出现连锁反应。还有一些不确定性表现在与现有政府规制的摩擦上，现有的产业政策更多地适用于传统产业，战略性新兴产业发展过程中的一些新的运营模式是否会与现有的政府规制发生摩擦是不确定的，一旦发生摩擦就会阻碍产业正常的生产运营。

第五，产业发展过程中面临多方位的风险。战略性新兴产业从创立到成熟没有经验可循，没有现成的发展路径可以依赖，一切都要在摸索中不断地总结经验和教训，这样就使其面临多方位的风险。一是市场风险，新产品的市场接受是有一个过程的，如果企业财力有限，市场培育手段单一，都将会给产品生产带来严重的打击。二是供给风险，战略性新兴产业是初创产业，经常会面临上下游产品短缺、原材料供应不稳定（数量短缺和价格变化）、服务设施不配套、零件短缺等一系列由产业链不完整导致的供给风险。三是融资难引发运营风险，作为新事物，社会资本对产业发展的认识和预估是需要时间的，这就使战略性新兴产业在初创期资金来源单一，常常出现资金困难，产品研发风险降低了金融资本和社会资本的参与热情，进而使产业在发展过程中融资难、融资贵，这些风险相互串联，一旦资金发生问题就会产生极高的运营风险。四是人才危机风险，我国现有的人才培养机制是根据现有的传统产业制定的，目前在我国大学专业设置中，只有很少的专业涉及战略性新兴产业，这必然会导致人才短缺成为战略性新兴产业在发展扩大的过程中长期面临的问题，进而使企业面临人才危机的风险。

（二）产业集聚发展可降低风险

新兴产业的发展与成熟需要合理的产业布局作为有效的载体，产业集聚是产业走向成熟的标志，新兴产业需要人员、地理、资金、相关联技术的聚集，形成产业簇群，缩小技术溢出的空间距离，使科技成果更为便利地转化为现实的生产力。综观世界各主要发达经济体，正是通过产业园区的空间聚集来对新兴产业进行集中管理，帮助新兴产业的发展和成长。在产业园区聚集大量的社会科研力量和高技术企业，通过政府的管理和支持产生集群效应，加速新兴产业的发展和繁荣。

新兴产业的发展和繁荣是一个国家和地区产业体系中的"顶端优势"。

只有将这种"顶端优势"确定为"生长优势",才会对本国和本地区的经济社会综合实力的提高产生实质和长远的影响,而这一宏观行为只有政府才能统筹和把握。政府发展新兴产业的战略规划和计划将向全社会发布,明确了产业带动的领域和产业延伸的方向,调动了市场中微观个体参与的积极性,一系列相关性的优惠政策又为企业主观能动性的发挥注入了价值的能量。随着新兴产业的发展,相关技术和产品进入传统产业,传统产业得到了改造,改造后的传统产业反过来又会促进新兴产业的可持续性发展,并获得持久的生命力。产业的延伸成为新兴产业走向成熟的标志,政府的顶层设计和措施体系将有利于产业的延伸。

(三)健全的产业生态系统需要政策协助

战略性新兴产业的健康发展不仅需要科学技术上的突破,还需要一个健全的产业生态系统的支持。产业生态系统是由与产业发展相关的各种要素组成的有机系统,对产业的生存和发展起到支撑作用。产业生态系统的核心包括三个子系统,它们分别是生产生态系统、应用生态系统、创新生态系统,除此之外,产业生态系统还包括国际环境、社会文化环境、基础设施、要素供给、政策体系构成的辅助系统。政策体系不仅直接构成了战略性新兴产业生态系统中的重要元素,而且政策体系营造的环境也为其他产业生态子系统的形成和运行提供了良好的基础。

生产生态系统包括供应商集群、生产设备制造商集群、生产服务商集群、竞争对手、中介组织等;创新生态系统包括科研机构及大学、创新联盟、技术中介等;应用生态系统包括竞争产品、售后服务、用户社区等。这三个子系统相互作用、相互影响,是产业生态系统的核心。政策体系和法律法规可以通过对企业行为的规范和鼓励、对相应组织机构的引导和激励,增强三个子系统的活力和效能,促进产业生态系统的高效运作,如政府通过对竞争行为的规范,提升产业的有序性和可持续性;通过对科研活动的资助,激励微观个体的创新积极性;通过合理宽松的监管体系设计,为各级各类中介组织提供良好的生长环境(见图2-2)。

合理高效的政策体系还可以为产业生态系统中的其他辅助因素的形成提供强大的支持。通过国际贸易中的国家力量,为新兴产业产品形成国际竞争力提供支持;通过政府行为和消费观念的影响,为新兴产业产品国内市场的培养提供助力；通过多种形式的促进基础设施的政策性投入，为新兴产业的培育和发展提供人、财、物的良好储备；通过宏观的产业规划和战略计划的制定和落实，为新兴产业未来成长开拓空间。

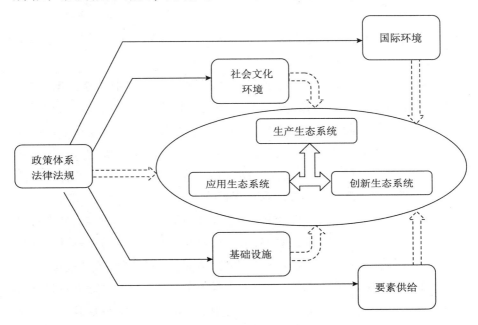

图 2-2　产业生态系统

第四节　战略性新兴产业发展的政策支持机制设计

一、动力组成

战略性新兴产业的发展是我国深化经济体制改革、转变经济增长方式、实现创新驱动的内在要求，其在发展过程中面临诸多的风险，如技术创新过程中的破坏性选择效应以及由此产生的连锁效应；新的运营模式与现有规制产生的摩擦；新技术、新产品的市场风险和供给风险；产业发展中的融资风险、人才危机等。化解这些风险需要通过加快产业化进程、把握好机会窗口、尽快实现技术溢出、延伸产业链、形成产业发展的生态系统等途径促进产业的成熟，客观上战略性新兴产业发展和成熟提出了政策的需求。

正如 2017 年《求是》杂志署名为"荆棘"的文章中所指出的那样，产业政策是推动经济发展的重要工具，相较于其他政策是更有针对性的干预社会再生产的手段，其在社会经济中的重要宏观调控功能是被各国政府普遍认同和采用的，产业政策可以弥补市场失灵、优化资源配置；优化产业结构、促进产业优势的形成；推动创新体系的形成、提升产业发展能力。这些都是产业政策的功能的客观表现。

战略性新兴产业发展有政策需求，产业政策拥有固有的功能，两者形成了很好的对接和联动，构成了战略性新兴产业发展的政策支持机制动力的第一环。接下来根据政策需求和政策的功能，制定产业发展所需的政策工具，产业政策工具一方面满足了产业发展的客观内在要求，另一方面充分发挥了产业政策的功能。选择正确合理的产业政策工具构成了产业发展政策支持机制动力的第二环，经过这样两个环节就形成了一套完整的闭合系统，该系统也就成为战略性新兴产业发展政策支持机制的动力源泉（见图2-3）。

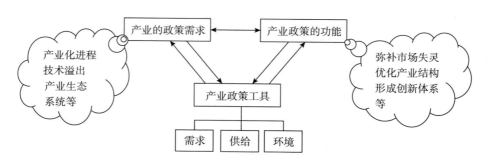

图 2-3　政策支持机制的动力组成

二、力量传导

产业政策工具通过具体的政策设计、组合搭配，形成政策支持新兴产业机制的总系统，并在系统内形成激励催化作用、资源配置作用、信息传导作用。这些作用的发挥是与产业政策工具的选择和使用是分不开的，政策功能的有效发挥以政策工具与政策需求和政策功能相适应为前提。选择科学合理的政策工具决定着政策支持机制力量传导的有效性。在战略性政策和综合性政策的驱动下，系统元件的联动及各系统作用的发挥将对产业的发展方向和路径产生深远的影响（见图2-4）。

1. 激励催化作用

产业发展动力机制的主体是市场激励，政策的激励是对这一动力的有益补充。新兴产业在产生、发展过程中面临的风险和困难较多，创新动力不足，尤其是作为新兴产业发展内核的创新活动，由于其本身的不确定性和高风险性，微观个体在技术研发、技术产业化的过程中面临"创新死亡之谷"的考验。

产业政策工具中的资金支持、税收优惠可以在一定程度上减轻企业发展的资金压力，提升企业的融资能力和风险承受能力；政府采购可以刺激新技术的研发，同时为新产品的研制形成了导向和市场需求；专利制度和知识产权保护政策带来了保护激励，并在利益机制的驱动下衍生出技术推力，使新兴产业创新愿望和能力得到了加强，提升了产业创新的绩效。

财政的研发补贴分担了创新研发的成本，依托创新平台打造的产业孵化器、技术成果认证和转化加速了新产品的产业化，税收优惠和政府采购推动了新技术、新产品的产业化。总而言之，产业政策工具的联动对新兴产业的发展和壮大提供了强有力的催化剂，产业政策工具在技术研发和产业化之间建立起了连接机制，为企业的科技创新提供了穿越"创新死亡之谷"的跳板，促进了知识要素向物质要素的转化，大大加快了企业的创新进程。

2. 资源配置作用

政策的资源配置作用主要表现为三种，分别是宏观层面、中观层面、

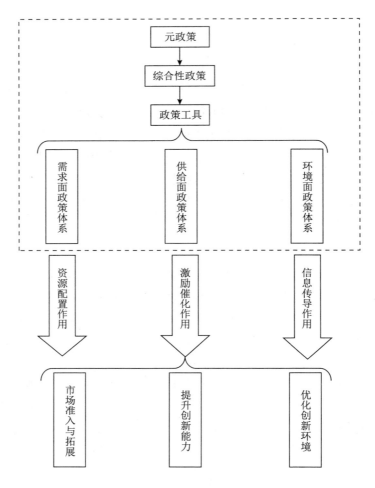

图 2-4 产业政策工具作用原理

微观层面。

宏观层面：政府通过税收优惠、财政补贴、金融杠杆构造政策的洼地，通过高新区的规划建设、企业研发平台的搭建等措施保证有效公共物品的供给，引导企业资源向战略性新兴产业或相关联的产业流动，实现产业结构的优化。

中观层面：政府的科技创新政策及创新孵化器的相关措施的出台，为行业的技术发展、产品化和市场化指明了发展的方向、营造了良好的政策环境，有利于产业内资源的重组和整合，有利于产业联盟的形成，从而有利于提高产业的整体竞争力。

微观层面：政府的研发补贴和政府采购政策促使企业把更多的资源投入技术改造和技术创新，引导微观个体调整产品结构，提升产品的科技含量和经济附加值，实现产品结构的优化。

此外，政府通过专利政策的不断完善，新产品、新技术标准的建立，将有力地为产业的发展营造良好的发展环境，在资源重配后建立利益保护机制和准入门槛，有利于产业整体水平的提升，增强市场的综合竞争能力。

3. 信息传导作用

产业政策工具的信息传导作用是建立在波特钻石模型基础上的，是通过建立和提升关键要素的制度化机制，提升整个产业的竞争力。产业政策的信息传导作用可以看作消除或减少收信的不确定性的过程。作为信源的元政策和综合性政策，体现了中央政府对产业的长期发展规划，规划的表达需要编码，即制定具体的产业政策（产业政策工具），信息编码完成后通过由各部门、各地方做成的信道落实政策，实现译码，产业具体政策实施过程中作为信宿的企业、投资者、创业者会通过市场行为反馈政策效果，政府通过对效果的监测，及时从信息本身、信息耗散、信息畸变、信息失灵四个方面找寻漏洞并加以弥补和修正，使产业政策能为产业的健康发展提供正能量和真能量。

随着相关政策工具的实施，财政补贴、研发投入、税收优惠、人才引进、产权保护、土地使用、新产品销售等数据都汇集到政府手中。通过对这些大数据的分析，可以发现具体的行业或企业在发展过程中由创新绩效、生产绩效、经营绩效等组成的综合发展能力的变化，同时可以发现在产业政策信息传递过程中各种影响信息专递的信息噪声（部门利益、地方利益间的摩擦）的由来，从而通过政策的调整和优化，可以为新兴产业的发展提供更为通畅、健康、有利的政策体系和政策环境。

三、运行原理

政策工具与政策需求和政策功能相适应的前提下政策的功能得到有效

发挥，战略性新兴产业发展的政策支持机制运行才能充分和完全释放产业政策促进产业发展的功效。战略性新兴产业发展的政策支持机制一共分为四个阶段，分别是政策颁布、政策实施、反馈修正、目标达成（见图2-5）。

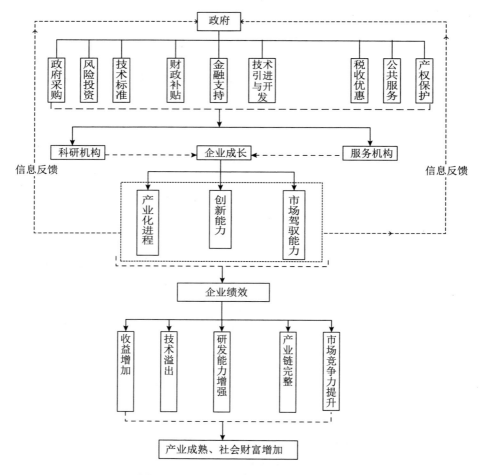

图2-5 新兴产业发展的政策支持机制

（一）政策颁布

战略性新兴产业具有科技含量高、产业关联性强、产业带动力大、市场潜力大等特点，同时新兴产业代表着未来经济发展的方向，这就决定了新兴产业的发展是关乎一国经济的未来命运，但同时战略性新兴产业又具有不确定性和高风险性，这就决定了必须通过顶层设计来促进新兴产业的发展。政府考察本国经济社会发展的产业态势、科技创新优势，结合国内外科技创新的成果研究趋势，分析本国市场中自发的新兴产业的产业化进程、创新能力、市场驾驭能力，确定新兴产业的范围以及未来的发展规划。根据发展蓝图设计一系列有效的战略性政策、综合性政策和具体政策，并建立考察产业发展阶段的绩效指标，初步通过顶层设计形成政策支持新兴产业发展的动力基础和动力源泉，目的是在全球经济一体化的未来竞争中抢占技术高地，获得产业发展的比较优势，为未来国际竞争中培养和富集经济增长和经济发展的资源。政府在充分收集市场信息和产业信息的基础上颁布的各级各类政策的目的是加快新兴产业的产业化进程，增强新兴产业把握机会窗口的能力，促进先进科学技术溢出，提升产业成熟度，打造适合产业发展的产业生态系统。

（二）政策实施

战略性新兴产业的战略性规划和综合性目标需要通过具体的政策工具来实现，具体的产业政策就是实现这些规划和目标的政策工具，促进新兴产业发展的政策工具分为三类，分别是需求面的政策、供给面的政策、环境面的政策，具体的政策工具有政府采购、风险投资、金融支持、财政补贴、税收优惠、产权保护等，通过这些政策的组合和联动，系统性地促进新兴产业的发展。在新兴产业的培育和初期发展阶段，政策的主要作用是提升产业发展过程中的产业创新能力，以期尽早形成核心科学技术创新成果并让市场接受；在新兴产业的起飞阶段，政策的作用拓展为三个目标，分别是提升产业化进程、进一步提升产业创新能力、增强新兴产业对市场的驾驭能力。政策工具作用的发挥是通过政策工具自身所具有的激励催化机制、资源配置机制、信息传导机制来实现新兴产业不同阶段的不同发展目标。

（三）反馈修正

实践是检验真理的唯一标准，政策的实施效果是政府最为关心的问题。反馈修正是战略性新兴产业发展的政策支持机制中最为核心的机制。对应于战略性新兴产业发展的不同阶段，以及不同阶段的价值目标，政策绩效的考核是这一阶段的核心工作和任务。合理、科学、客观的考核体系直接关系着考核的结果，关系着新兴产业发展能否按照预先设计的规划进行，能否实现规划中设计的目标。政策的绩效评价分为两个步骤：一是从宏观的角度把政策作为一个系统来考察，从系统运行全局来判断已有的政策体系设计是否有效促进了新兴产业的发展，这一阶段考核的内容与新兴产业的发展阶段是密切相关的，伴随着新兴产业的发展，考核内容将会由单一的创新能力扩展到产业进程和市场的驾驭能力。二是从微观的角度考察单项具体政策工具在针对具体微观个体方面的作用，在这个阶段需要精准把握政策工具的作用范围和机理，由于技术、环境、市场等诸多因素的影响，不同的产业对相同的政策工具的反应是不同的，即产业的异质性导致了产业政策的异质性。通过从宏观和微观两个角度对产业政策进行考察，就会发现已有的产业政策在支持新兴产业发展过程中的缺陷和不足，这些缺陷和不足形成信息源反馈到政府的决策部门，政府根据反馈的信息对已有的产业政策进行合理的调整和修正，这样的政策修正不只包含具体政策的修正，很有可能会涉及战略性政策和综合性政策的调整，最终的目的就是要使产业政策的设计更符合新兴产业发展的客观要求。

（四）目标达成

经过反复的信息反馈以及政策的反复不断调整，当战略性新兴产业的发展呈现收益增加，技术溢出得以实现，产业价值链完整，研发创新能力显著增强，产业竞争力在国际范围内提升等现象，就说明战略性新兴产业的发展已经起飞，战略性新兴产业向着主导产业的方向开始发展。这时意味着促进战略性新兴产业发展的政策目标已经达成，同时也意味着支持机制的作用发挥完毕，政府要根据下一步的经济发展规划和产业发展目标适时地让政策退出，重新考虑政策在产业发展中的作用。

第五节　本章小结

本书首先从制度层面解析了中西方历史和文化的差异造就的在政治哲学层面关于中西方政府在经济领域所发挥的作用的不同观念，进而通过分析我国经济建设所走过的历程，提出了当前产业政策对经济的发展作用是不可替代的。产业政策作用的发挥依赖于产业政策工具的使用，产业政策工具具有弥补市场失灵、优化资源配置、推进产业结构优化、促进产业优势生成、推动创新体系的形成、提升产业发展能力的作用。其次通过对战略性新兴产业自身的分析发现，在战略性新兴产业的发展过程中，创新引领需要政策支持，战略安排需要政策引导，风险化解需要政策护航。战略性新兴产业发展的政策支持机制是由一整套动力组成、力量传导、运行原理所构成的。机制运行质量的核心是政策工具与政策功能和政策需求相适应，按照政策需求和政策功能设计政策工具，才能将政策支持机制的激励催化作用、资源配置作用、信息传导作用发挥出来，因此对产业政策工具实施效果的评价就成为研究政策支持机制中非常关键的一环。这一部分为后续的实证研究奠定了理论基础。

第三章

03
CHAPTER

战略性新兴产业政策
演变和产业发展现状

我国战略性新兴产业从概念的提出到今天蓬勃的发展，已历时八年。我国政府一直致力于积极地制定政策，促进战略性新兴产业的培育和发展。在构建我国战略性新兴产业发展的政策支持机制的基础上，本章从对政策盘点总结、产业发展取得的成绩、政策在产业发展过程中起到的作用、现有政策存在的问题四个方面，充分地展示了战略性新兴产业与产业政策之间的联系、配合及协调度。

第一节　我国战略性新兴产业政策演变

战略性新兴产业的确定及后续相关支持政策的发布，并不是一个突然出现的孤立事件。事实上，由于我国所处的特殊国际政治、经济背景，先进科学技术的理论研究和应用研究主要是靠自力更生的自主研发，而且在改革开放不断深入，国际竞争不断加剧的过程中，我们很早就意识到"科学技术是第一生产力"，并出台了一系列相关政策支持高技术产业的发展。从某种程度上来说，战略性新兴产业就是新时期具有新特点、符合时代新要求的高技术产业，因此先对"十一五"时期和"十二五"时期中央政府的相关产业政策做一个概括性的盘点。

一、综合性产业政策演变

第一，"十一五"时期强调科学技术研究及科技人才的核心作用。

2006 年和 2009 年国务院分别发布了《关于实施〈国家中长期科学和技术发展规划纲要（2006—2020 年）〉若干配套政策的通知》和《关于充分发挥科技支撑作用，促进经济平稳较快发展的意见》，鼓励市场技术创新体系的建立，实现技术创新的发展。原国防科工委 2006 年发布了《关于印发〈国家"十一五"基础研究发展规划〉的通知》、2008 年又发布《国家科技计划支持产业技术创新战略联盟暂行规定》，鼓励围绕关键核心技术开展前沿技术研究。2008 年国务院办公厅出台了《关于促进自主创新成果产业化的若干政策》，旨在推进重大科技成果的产业化。2006年原国家人事部发布了《关于加快实施专业技术人才知识更新工程"653工程"）的意见》，2007年原国防科工委发布了《关于在重大项目实施中加强创新人才培养的暂行办法》，旨在加强人才强国战略，加强人才培养和储备。

第二，"十二五"时期对战略性新兴产业的选择和培育进行了全局性的设计。

2009年11月3日，温家宝同志向首都科技界发表了题为《让科技引领中国可持续发展》的讲话，强调科学选择战略性新兴产业非常重要，选对了就能跨越发展，选错了将会贻误时机。2010年9月，在国务院的常务会议上审议通过了《关于加快培育和发展战略性新兴产业的决定》。2012年7月，国务院以国发〔2012〕28号印发《"十二五"国家战略性新兴产业发展规划》。该规划分背景，指导思想、基本原则和发展目标，重点发展方向和主要任务，重大工程，政策措施，组织实施6部分，确定了七大产业是未来重点发展方向和主要任务。从2012年起，我国政府密集出台了一系列直接与战略性新兴产业发展相关的政策。以下是按照七大战略性新兴产业的类别，以时间为序列简单整理的我国中央政府为了促进产业发展而发布的相关政策。

2014年国家发展改革委会同财政部下发了《关于组织实施战略性新兴产业区域集聚发展试点的通知》（发改高技〔2014〕1179号），在继续深入推动广东、江苏、深圳等四省一市产业区域集聚试点的基础上，进一步完善了战略性新兴产业区域集聚评价指标体系，推动部分区域率先实现重点领域突破。2015年3月中共中央、国务院印发《关于深化体制机制改革加快实施创新驱动发展战略的若干意见》，在该意见中，为了实现创新驱动发展战略，深化经济体制改革，确定了"十三五"时期战略性新兴产业发展的主要目标和总体思路。从公平竞争环境、市场导向机制、金融创新、成果转化政策、科研体系、人才机制、政策协调机制、推进深度融合的创新八个方面提出了30点意见。

第三，"十三五"时期针对战略性新兴产业特点部署了详细的发展规划和重点领域。

2016 年 11 月底，中共中央、国务院发布了"十三五"国家战略性新兴产业发展规划，在总结"十二五"时期我国七大战略性新兴产业发展现状和形式的基础上，确立了"十三五"时期继续发展战略性新兴产业的总的指导思想、主要原则、发展目标，提出了在"十三五"期间各战略性新兴产业的发展趋势和具体发展目标，并通过重点任务和国务院各部门分工方案的细化，进一步强化了政策对于产业发展的引导作用，从产业的提前布局、产业的集聚、产业的开放发展，完善体制机制营造适合战略性新兴产业发展的新生态四个方面提出了未来政策的取向，这将为我国未来战略性新兴产业发展带来巨大的发展良机和动力。

综合政策的演变遵循了由点、线的政策关联到促进战略性新兴产业全面发展的转变。在 2010 年即"战略性新兴产业"元年以前，是以单一部门强调科技创新，促进技术转化，加强人才引进和人才储备的产业技术政策为主，2010 年以后，政策扩展为提高整体产业素质，全面布局战略性新兴产业未来发展愿景的综合性规划，并通过专项的发展规划打造立体的政策体系，为未来产业的发展提供更为广阔的政策平台和空间。

二、七大战略性新兴产业的政策演变

"十二五"时期，促进七大战略性新兴产业的细分产业政策中，政策的演变（见附录 A）呈现出以下特点：

第一，通过政府规划的顶层设计，为产业未来的发展指明方向和做好规划。

2012 年 3 月 27 日，国家发展改革委、工业和信息化部、教育部、科技部、中科院、中国工程院、国家自然科学基金会联合发布了《关于下一代互联网"十二五"发展建设的意见》，该意见为新一代信息技术产业的未来发展规划；2012 年 5 月工业和信息化部印发了《高端装备制造业"十二五"发展规划》；2012 年 12 月 29 日国务院发布了《生物产业发展"十二五"规划》；2012 年 2 月 22 日工业和信息化部发布了《新材料产业"十二五"发展规划》《新材料产业"十二五"重点产品目录》；2012 年 7 月 9 日国务院印发了《节能与新能源汽车产业发展规划（2012—2020 年）》；

2013 年 1 月 28 日国务院印发了《能源发展"十二五"规划》；2012 年 6 月 29 日国务院发布了《"十二五"节能环保产业发展规划》，紧接着 2013 年 8 月，国务院印发了《关于加快发展节能环保产业的意见》（国发〔2013〕30 号）；2015 年 9 月 5 日，国务院印发了《促进大数据发展行动纲要》；2016 年 4 月 26 日，工业和信息化部、国家发展改革委、财政部三部委联合印发了《机器人产业发展规划（2016—2020 年）》；2016 年 12 月 19 日，国家发展改革委公布了《可再生能源发展"十三五"规划》；2017 年 6 月 4 日，科技部、国家发展改革委、工业和信息化部、国家卫生计生委、体育总局、食品药品监管总局联合印发了《"十三五"健康产业科技创新专项规划》；2017 年 11 月 20 日，国家发展改革委下发了《增强制造业核心竞争力三年行动计划（2018—2020 年）》的通知；2018 年 6 月 7 日，工业和信息化部发布了《工业互联网发展行动计划（2018—2020 年）》和《工业互联网专项工作组 2018 年工作计划》。七大战略性新兴产业发展规划的先后发布，从国家的角度确定了战略性新兴产业各自的发展目标和方向，向社会和市场发布了国家未来规划，为调整经济结构和实现创新驱动的发展战略提出了详细的计划书。

第二，政策发布日益细化，发布频率逐渐加快，彰显政府促进产业发展的决心和行动力。

在新一代信息技术领域，2014 年国家就开始大力发展新一代信息技术产业，连续发布了《关于实施"宽带中国"2014 专项行动的意见》《关于组织实施新型平板显示和宽带网络设备研发及产业化专项有关事项的通知》《国家集成电路产业发展推进纲要》《国家物联网发展及稀土产业补助资金管理办法》《关于全面推进 IPv6 在 LTE 网络中部署应用的实施意见》，2015~2017 年相继发布了《国务院关于积极推进"互联网+"行动的指导意见》《国务院办公厅关于印发三网融合推广方案的通知》《关于贯彻落实〈国务院关于积极推进"互联网+"行动的指导意见〉行动计划（2015—2018 年）》《推进"互联网+政务服务"开展信息惠民试点实施方案》《智能硬件产业创新发展专项行动（2016—2018 年）》《国务院关于深化"互联网+先进制造业"发展工业互联网的指导意见》等政策，这些政策都是为了促进新一代信息技术产业的细分产业发展而做出的战略部署和规划。

在新能源汽车领域，为了加快新能源汽车的推广，2014～2016 年先后发布了《关于进一步做好新能源汽车推广应用工作的通知》、《政府机关及公共机构购买新能源汽车实施方案》（〔2014〕293 号）、《关于电动汽车用电价格政策有关问题的通知》（发改价格〔2014〕1668）、《关于加快新能源汽车推广应用的指导意见》（国办发〔2014〕35 号）、《关于开展节能与新能源汽车推广应用安全隐患排查治理工作的通知》、《关于"十三五"新能源汽车充电基础设施奖励政策及加强新能源汽车推广应用的通知》、《新能源汽车生产企业及产品准入管理规定（修订）》、《关于调整新能源汽车推广应用财政补贴政策的通知》等政策性的文件，力图为开拓新能源汽车市场提供更多的政策支持，为提高新能源汽车的市场认可度进行了制度性的安排。

在新能源领域，政策涉及的领域由单一的太阳能不断地扩展到风能和海洋资源。2009 年财政部发布了《关于加快推进太阳能光电建筑应用的实施意见》，通过财政补贴加大对光伏市场拓展的支持力度，随之而来的就是光伏发电的井喷式发展。2009 年国家发展改革委颁布的《关于完善风力发电上网电价政策的通知》，明确了投资者的投资收益水平，同时限制劣质资源的开发，保证了风电产业的有序发展。海洋局 2013 年 12 月 27 日颁布了《海洋可再生能源发展纲要（2013—2016 年）》。同时对新能源产业发展的指导也日益密集起来，如 2014 年 12 月 24 日，国家能源局发布了 3 项与光伏建设相关的文件，具体为《国家能源局关于推进分布式光伏发电应用示范区建设的通知》《国家能源局综合司关于做好太阳能发展"十三五"规划编制工作的通知》和《国家能源局综合司关于做好 2014 年光伏发电项目接网工作的通知》。2016 年 9 月 13 日，国家能源局 公布了《关于建设太阳能热发电示范项目的通知》；2017 年 9 月 22 日，国家发展改革委、财政部、科学技术部、工业和信息化部、国家能源局发布了《关于促进储能技术与产业发展的指导意见》。

在节能环保产业，2014～2017 年，我国政府先后发布了《稀土行业清洁生产技术推行方案》《关于推进林业碳汇交易工作的指导意见》《关于印发 2014～2015 年节能减排低碳发展行动方案的通知》《关于进一步推进排污权有偿使用和交易试点工作的指导意见》《重大节能技术与装备产业化工程实施方案》《2015 年工业节能监察重点工作计划》《关于推行环境污染第三方治理的意见》《国家发展改革委 国家能源局关于改善电力运行调节促进清洁能源多发满发的指导意见》《关于健全生态保护补偿机制的意见》《固定污染源排污许可分类管理名录（2017 年版）》《国务院关于修改〈建设项目环境保护管理条例〉的决定》等，这些政策文件涉及环保产业的方方面面，同时也表明了我国政府大力发展节能环保产业的决心和行动力。

第三，政策的广度不断拓展，深度不断增加，政策体系的设计初具规模。

2014 年 12 月 25 日，工业和信息化部发布了《关于向民间资本开放宽带接入市场的通告》，该通告鼓励社会资本以多种多样的方式进入宽带接入市场，支持民营企业开展宽带接入网业务。2014 年 6 月 25 日，财政部会同农业部印发《中央财政农业资源及生态保护补助资金管理办法》，该办法为生态保护建设提供资金扶植。2014 年 12 月 1 日，财政部、科技部、工业和信息化部、发展改革委四部门联合下发《关于新能源汽车充电设施建设奖励的通知》；2014 年财政部、国家税务总局、工业和信息化部分别在 8 月 29 日、10 月 29 日、12 月 19 日分三批公布了《免征车辆购置税的新能源汽车车型目录》，上述举措进一步为新能源汽车市场的拓展提供了政策性和财政资金方面的制度保障。2014 年 11 月 16 日，国务院印发了《关于创新重点领域投融资机制鼓励社会投资的指导意见》，鼓励民间资本进入核电设备研制和核电服务领域；2014 年 12 月 30 日，工业和信息化部还发布了《关于进一步有关光伏企业兼并重组市场环境的意见》，为光伏产业的健康发展提供了良好的政策指导。2014 年 1 月 3 日，环保部、国家质检总局联合发布了《水泥工业大气污染物排放标准》（GB4915—2013）、《水泥窑协同处置固体废物污染控制标准》（GB 30485—2013）及其配套的《水泥窑协同处置固体废物环境保护技术规范》（HJ 662—2013）三项标准，此外还发布了《铅、锌工业污染物排放标准》等六项有色金属行业排放标准修改单，在新标准中增设了大气污染物的排放限值。

2015 年 1 月 12 日，工业和信息化部网站发布了《光伏制造行业规范条件（2015 年本）》公开征求意见；2015 年 9 月 25 日，国家发展改革委、财政部、住房和城乡建设部联合发布了《关于开展循环经济示范城市（县）建设的通知》；2015 年 3 月 5 日，工业和信息化部、国家发展改革委、财政部三部委联合发布了《国家增材制造产业发展推进计划（2015—2016 年）》；2015 年 9 月 7 日，中医药国际标准化技术委员发布了《中医药——中药材重金属限量》国际标准；2015 年 9 月 25 日，国家发展改革委、财政部、住房和城乡建设部发布了《关于开展循环经济示范城市（县）建设的通知》。

2016 年 4 月 14 日，国家发展改革委、财政部、教育部、公安部、民政部、人力资源和社会保障部、住房和城乡建设部、国家卫生计生委、国务院法制办、国家标准委联合发布了《推进"互联网+政务服务"开展信息惠民试点实施方案》；2016 年 8 月 31 日，中国人民银行、财政部、国家发展改革委、原环境保护部、证监会、原银监会、原保监会联合发布了《关于构建绿色金融体系的指导意见》；2016 年 9 月 5 日，工业和信息化部发布了《新能源汽车生产企业及产品准入管理规定（修订）》；2016 年 9 月 13 日，国家能源局发布了《关于建设太阳能热发电示范项目的通知》；2016 年 12 月 30 日，工业和信息化部制定并发布了《工业机器人行业规范条件》。

2017 年 5 月 23 日，国家能源局发布了《关于开展风电平价上网示范工作的通知》；2017 年 9 月 12 日，工业和信息化部印发了《重点新材料首批次应用示范指导目录（2017 年版）》的通告；2017 年 7 月 27 日，工业和信息化部、发展改革委、科技部、财政部、原环境保护部联合发布了《关于加强长江经济带工业绿色发展的指导意见》；2017 年 7 月 28 日，原环境保护部发布了《固定污染源排污许可分类管理名录（2017 年版）》；2017 年 8 月 2 日国务院发布了《国务院关于修改〈建设项目环境保护管理条例〉的决定》；2017 年 10 月 8 日，国务院发布了《关于深化审评审批制度改革鼓励药品医疗器械创新的意见》；2017 年 11 月 16 日，国务院发布了《推进互联网协议第六版（IPv6）规模部署行动计划》；2017 年 11 月 19 日，国务院发布了《国务院关于深化"互联网+先进制造业"发展工业互联网的指导意见》；2017 年 11 月 20 日，国家发展改革委发布了《增强制造业核心竞争力三年行动计划（2018—2020 年）》的通知。

具体的七大战略性新兴产业的政策演变经历了由单一层面的政策引导

向产业发展纵深延续的转变，同时政策的密度也在不断加强，更加强调政策组合效应。早期政策的专注点更多地在于市场的培育，鼓励投资者和消费者接受新产品，在确定了战略性新兴产业的具体范围后，政策的颁布从空间上呈现出急速增长的特点，不仅有市场培育政策，而且还涉及产业技术标准、产业规范、财政专项补贴、产业投融资等政策，产业政策的逐渐丰富和细化为产业的下一步发展提供了坚实的政策保障和依据。

第二节　我国战略性新兴产业的政策支持效果

一、政策的激励催化作用初步显现

2010 年以来，我国战略性新兴产业发展成果丰硕，科技创新水平大幅提升。高端装备制造业实力增强，2010~2015 年，航空、航天器及其器械制造业主营收入年均增长 14.5%；铁路运输设备制造业主营收入年均增长 13.1%；海洋工程装备制造业主营收入年均增长 28.6%；电子信息制造业主营收入年均增长 9.6%；工业机器人销量年均增长 34.5%；工业自动控制系统装置制造业主营收入年均增长 16.3%。国产新支线飞机 ARJ21 完成适航取证，C919 大型客机首架机正式下线，代表了中国制造的新高度。2017 年 5 月 5 日国产大飞机 C919 在浦东机场成功首飞，表明我国已在国产大型客机领域实现突破。企业家信心指数和行业景气指数在震荡中趋于稳定增长的态势，2017 年上半年行业景气指数为 155.2，企业家信心指数为 149.3，高于 2016 年全年水平（见图 3-1）。

"十二五"末期，新材料行业的产业规模达到 2 万亿元，一大批新材料产能位居世界前列，如稀土功能材料、特种不锈钢等；一批重点产品取得突破，如核电用钢、大尺寸石墨烯薄膜等。伴随着高铁、北斗导航、核电技术装备等战略性新兴产业的产品走出国门，打造了中国制造的新名片，华为、小米、中兴等企业在海外市场取得的重大成功，也让全世界重

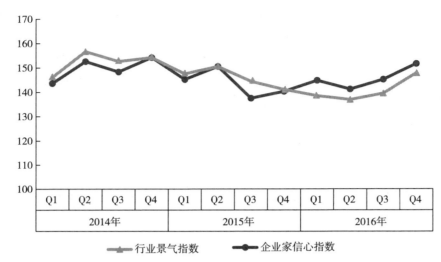

图3-1 2014年以来战略性新兴产业企业家信心指数和行业景气指数时间序列

新定位了中国制造的品质。导电高分子材料的产业化以及T800级碳纤维的量产，展现了我国在新材料领域的技术水平。2017年，我国在南海北部神狐海域进行的可燃冰试采获得成功，这对我国优化能源结构具有重要的意义。

节能环保产业、新能源产业、新能源汽车产业的大发展为我国绿色发展的主题提供了强大的物质和技术支持。2010~2015年，全国环保专用装备制造业主营业务收入年平均增速为24%，随着污染物治理投入的不断加大，污染物治理也取得了显著的成果。2010~2015年，我国节能服务业总产值年均增幅为30.2%，我国新能源装机容量年均增长34.7%。2010~2015年新能源汽车爆发式增长，全国新能源汽车销量年均增速近270%。2017年开始实行新能源汽车积分制，该举措促进新能源汽车制造企业纷纷加大投入，提升产品质量。

新一代信息技术的发展为改善我国生产生活方式提供了巨大的技术支持。"十二五"期间，软件和信息技术服务业销售收入年均增长25.9%；电子商务市场交易规模年均增长27.9%；云计算年均增长67.2%。

生物医药产业的发展改善了民生福祉水平。"十二五"期间，生物产业总产值年增长率超过20%，生物药物、中药占比提升，2014年占比分别达到11.8%和31.3%，比2010年增加了1.4个和4.1个百分点。医疗仪器设备及器械制造业主营业务收入年均增速为 17.6%，生物化学农药及微生物农药制造销售收入平均增速为 41.7%，生物制造规模保持快速增长，大宗发酵产品产值达到 1000 亿元，规模稳居全球第一。医疗器械电子商务爆发式增长，截至 2014 年底，获得"互联网药品交易服务资格证书"的企业数量是 2010 年的 9 倍。截至 2015 年底，互联网金融平台交易总额达 12 万亿元，占 GDP 总量的近 20%。

二、政策的资源配置作用初见成效

"十二五"以来，战略性新兴产业已发展成为我国经济新的增长极。从 2010 年开始，我国经济的增长速度开始出现了下跌的趋势，2010 年 GDP 年均增速为 10.6%，2011 年 GDP 年均增速为 9.5%，2012 年和 2013 年 GDP 年均增速为 7.7%，2014 年 GDP 年均增速为 7.3%，2015 年 GDP 年均增速为 6.9%，2015 年是 1990 年以来我国 GDP 增速最低的一年。随着时间的推移，我国经济增速下跌加快，为我国提出的稳增长的政策目标施加了巨大的压力。2013 年以来，我国提出宏观经济需要转型升级，经济发展开始进入新常态，我国经济在转型升级中，在实体经济内出现了两个极端，即传统产业的日益萎缩与新兴产业的兴旺发展，正是新兴产业的高速发展和繁荣，以及在经济总量中权重的日益提高，很大程度上对冲了传统产业对经济发展产生的拖累（见图 3-2）。

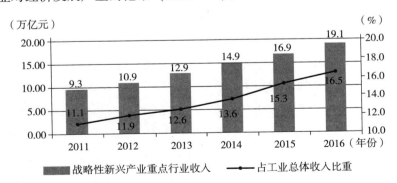

图 3-2 战略性新兴产业重点行业收入及其占工业总体比重

2015 年，战略性新兴产业的 27 个重点行业规模以上企业收入达到 16.9 万亿元，占工业总体收入的比重为 15.3%，较 2010 年提升了 3.4 个百分点，2010~2015 年，重点行业规模以上企业收入年均增速为 18%。2016 年 27 个战略性新兴产业重点行业主营业务收入达到 19.1 万亿元，同比增长 11.3%，2017 年 1~7 月，重点行业营业收入达到 11.6 万亿元，同比增长 13.8%，

2015 年，我国经济的下行压力日益增大，战略性新兴产业中 27 个重点行业企业的主营业务收入却逆势增长并保持了较快的增长势头，对国民经济的支撑作用不断加强。2015 年第一季度我国战略性新兴产业利润增长率为 17.7%，与工业总体利润负增长形成鲜明的对比。2015 年前五个月，工业总体收入增长速度为 1.3%，而战略性新兴产业 27 个重点行业的主营业务收入增速为 10.8%，工业部分增速为 8.4%，虽然较 2014 年有所下降，但其强劲的增长势头仍然非常显著。战略性新兴产业主营业务收入增长虽有所放缓，但利润增幅却是增加的，27 个重点行业企业的工业部分在全国工业总体利润下滑的情况下，实现了 19.8% 的利润增长，高于同期 2014 年 16.6% 的增长水平。在战略性新兴产业中电子器件产品、风能原动设备、光纤光缆制造、光伏设备及元器件制造、视听设备、新型铁路运输设备制造、新型计算机、生物化学农药及微生物农药制造、航空航天器及设备制造 9 个行业表现尤为突出，逆势加速增长的势头十分明显。

三、政策的信息传导作用明显

市场对政府出台的日益密集的产业发展规划反映强烈，政策作用强度日益增大。2015 年战略性新兴产业上市公司营收总额为 2.6 万亿元，占当年全部上市公司营收总额的 21.1%。从 A 股上市公司来看，战略性新兴产业已经发展成为支持上市公司业绩的重要力量。2010 年以来，战略性新兴产业上市公司平均营收增速和平均利润增速都高于全部上市公司的平均水平，2010~2016 年，战略性新兴产业营收增速平均为 17.3%（见图 3-3）。2016 年前三季度战略性新兴产业上市公司的利润率水平为 17.3%，高于上市公司平均 4.6% 的利润率水平（见图 3-4）。

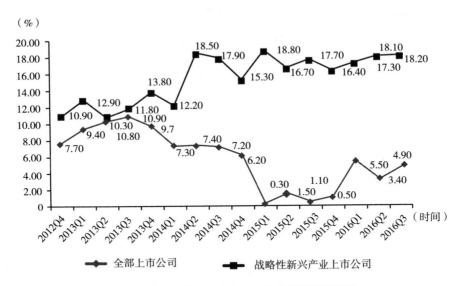

图 3-3　战略性新兴产业上市公司营收增速变化

图 3-4　战略性新兴产业上市公司利润增速变化

第三节　战略性新兴产业细分
产业发展状态分析

一、战略性新兴产业细分产业的统计分类

在对战略性新兴产业统计分类中，目前我国政府有三种标准：

第一种是国家工业和信息化部于 2011 年 12 月发布的《战略性新兴产业分类目录》，采取五级目录分类，共包括 721 类产品（见表 3-1）。

表 3-1　工信部发布的战略性新兴产业分类简介

产业名称	产业内涵	备注
高端装备制造产业	航空产品、卫星及服务、轨道交通装备、海洋工程装备、智能制造装备	航空产品、轨道交通装备按照装备、配件、机载设备和服务进行分类；卫星及服务按照卫星整星、分系统、服务进行分类；海洋工程装备主要是海洋资源开发所需装备产业；智能制造装备是一个全新的概念，形成了三级和四级分类
新能源汽车产业	新能源汽车整车、储能装置、驱动装置、整车电子控制系统、专用辅助系统、专用接插件、供能装置及"车网互动"	储能装置将具有先导性和战略前景的产品，按照能量来源类型及能量载体进行细分；驱动装置、专用辅助系统和供能装置及"车网互动"选取产业内重点领域进行细分
新一代信息技术产业	电子信息核心基础产业、下一代信息网络、高端软件和信息技术服务三类	
生物医药产业	生物医药、生物医学工程产品、生物制造	具有自主核心技术、广泛临床需求或急需自主掌握核心技术的产品选入目录

产业名称	产业内涵	备注
新能源产业	核电、太阳能、风电、生物质能源、智能电网	
节能环保产业		总体遵循装备、产品和服务的编制顺序，节能、节水、环保产业以产业链为主线进行分类
新材料产业	特种金属功能材料、高端金属结构材料、先进高分子材料、新型无机非金属材料、高性能复合材料和前沿材料	

资料来源：2012 年 2 月工业和信息化部发布的《战略性新兴产业分类目录》。

第二种是国家统计局于 2012 年 12 月制定的《战略性新兴产业分类》，战略性新兴产业共包括七大产业，它们分别是新一代信息技术产业、高端装备制造产业、新材料产业、节能环保产业、生物医药产业、新能源产业、新能源汽车产业。该分类共分为三层：第一层根据 2010 年国务院《关于加快培育和发展战略性新兴产业的决定》中的七大产业，将战略性新兴产业划分为七个大类；第二层和第三层依据《"十二五"国家战略性新兴产业发展规划》（国发〔2012〕28 号）以及国家发展改革委编制的《战略性新兴产业重点产品和服务指导目录》（公开征求意见稿）将七大类进一步细分，第二层和第三层分别为 30 个类别和 100 个类别；分类表中第三列和第四列分别表示战略性新兴产业对应《国民经济行业分类》《统计用产品分类目录》的代码和名称。

第三种是 2013 年 2 月国家发展改革委、科技部、工业和信息化部、财政部公布的《战略性新兴产业重点产品和服务指导目录》。该目录确定了七个产业、24 个发展方向，并在此基础上进一步细化到近 3100 项细分的产品和服务，其中新能源汽车产业约 60 项，新一代信息技术产业约 950 项，节能环保产业约 740 项，新能源产业约 300 项，生物产业约 500 项，新材料产业约 280 项，高端装备制造产业约 270 项。

由于我国没有针对战略性新兴产业的专门数据统计，本书在考察我国战略性新兴产业发展的过程中缺失全面数据。为了便于考察，本书结合上述三类战略性新兴产业的分类以及《中国工业统计年鉴2017》《中国工业统计年鉴2018》对战略性新兴产业进行重新划分和界定，从数据的可得性角度，参照周晶和何锦以（2011）的《战略性新兴产业统计标准研究》以及吕岩威和孙慧（2013）的《中国战略性新兴产业统计分类与发展绩效跟踪》的相关分类标准，特对战略性新兴产业做如下分类（见表3-2）。

表3-2　战略性新兴产业分类

战略性新兴产业	国民经济行业分类代码	国民经济行业分类名称
节能环保产业	2665	环境污染处理专用药剂材料制造
	3591	环境保护专用设备制造
	4200	废弃资源综合利用业
	4620	污水处理及其再生利用
	4690	其他水的处理、利用与分配
新一代信息技术产业	3910	计算机制造
	3920	通信设备制造
	3930	广播电视设备制造
	3940	雷达及配套设备制造
	3960	电子器件制造
	3970	电子元件制造
生物产业	2632	生物化学农药及微生物农药制造
	2760	生物药品制造
新能源产业	4412	水力发电
	4413	核力发电
	4414	风力发电
	4415	太阳能发电
	4419	其他电力生产

续表

战略性新兴产业	国民经济行业分类代码	国民经济行业分类名称
装备制造业	3420	金属加工机械制造
	3512	石油钻采专用设备制造
	3514	海洋工程专用设备制造
	3562	电子工业专用设备制造
	3575	渔业机械制造
	3580	医疗仪器设备及器械制造
	3592	地质勘查专用设备制造
	3710	铁路运输设备制造
	3740	航空、航天器及设备制造
	3810	电机制造
	3832	光纤、光缆制造
	4010	通用仪器仪表制造
	4020	专用仪器仪表制造
	4041	光学仪器制造
新能源汽车	3841	锂离子电池制造
	3842	镍氢电池制造
	3640	电车制造
新材料产业	2664	信息化学品制造
	3072	特种陶瓷制品制造
	3230	稀有稀土金属冶炼
	3240	有色金属合金制造
	3250	有色金属铸造
	3264	稀有稀土金属压延加工

资料来源：根据国民经济行业分类代码整理而得。

二、产业发展状态描述的方法

产业发展状态的描述分为经济发展指标的陈述和产业细分发展差异的

分析。本书在分析战略性新兴产业七大产业发展状态时，首先采用相关媒体和经济统计部门发布的 2009 年以来我国七大战略性新兴产业发展的相关数据和消息，通过特点的总结，对战略性新兴产业做了宏观经济发展的总体概括；其次通过模糊综合评价法，参考相关学者已有的研究成果，构建发展指数的指标体系，对战略性新兴产业的七大产业发展做了比较性分析。

模糊集合理论（Fuzzy Sets）的概念于 1965 年由美国自动控制专家查德教授提出，用以表达事物的不确定性。模糊综合评价法是一种基于模糊数学的综合评价方法。该综合评价法根据模糊数学的隶属度理论把定性评价转化为定量评价，即用模糊数学对受到多种因素制约的事物或对象做出一个总体的评价。

其基本思想是用属于程度代替属于或不属于，刻画"中介"状态，基本原理是首先确定被评价对象的因素（指标）集合评价（等级）集；其次分别确定各个因素的权重及其隶属度矢量，获得模糊评判矩阵；最后把模糊评判矩阵与因素的权矢量进行模糊运算并进行归一化，得到模糊综合评价结果。其特点在于对对象逐个进行评判，对评判对象有唯一的评判价值，不受被评价对象所处对象集合的影响。综合评价的目的是要从对象集中选出优胜对象，因此，最后要将所有对象的评价结果进行排序。评判的意思是只按照给定的条件对事物的优劣、好坏进行评比、判别。综合的意思是指评判条件包含多个因素或多个指标。综合评判就是要对受多个因素影响的事物做出全面评价。

三、战略性新兴产业各细分产业发展差异分析

（一）模型与数据

第一，构建指标体系的目的、思想及原则。在某一特定的时空范围内，通过对战略性新兴产业中子产业的发展境况进行定量评估，提供系统的分析框架，为完善促进我国战略性新兴产业发展的相关政策及规划提供依据。

构建指标体系的总体思路是从盈利水平、债务风险、运营水平和发展能力四个角度出发，对战略性新兴产业中的 41 个子产业的发展情况进行评

价。指标间联系紧密但又有区别，指标在构建和选取的过程中遵循层次性、代表性、科学性、系统性及可操作性的原则。

第二，指标体系的构建。根据战略性新兴产业发展情况以及指标体系构建的目的、思想及原则，采用层次分析法选取指标，建立了由 4 个一级指标、5 个二级指标形成的指标体系。4 个一级指标分别是盈利水平、债务风险、运营水平和发展能力。其中销售利润率表示盈利水平；资产报酬率表示运营水平；净资产收益率和人均产值表示发展能力；资产负债率表示债务风险（见表 3-3）。并通过层次分析法确定权重（见表 3-4、表 3-5）。

表 3-3 我国战略性新兴产业发展评估体系

一级指标	权重	二级指标	权重	意义
盈利水平	0.1611	销售利润率	0.1610	反映综合的盈利能力
债务风险	0.0624	资产负债率	0.0624	反映负债水平和风险
运营水平	0.0986	资产报酬率	0.0986	反映获取收益的水平
发展能力	0.678	净资产收益率	0.4162	反映运用自身资本的效率
		人均产值	0.2618	反映生产总规模和总水平

表 3-4 层次分析法赋值

	净资产收益率	人均利润	销售利润率	资产报酬率	资产负债率
净资产收益率	1	2	3	4	5
人均利润	1/2	1	2	3	4
销售利润率	1/3	1/2	1	2	3
资产报酬率	1/4	1/3	1/2	1	2
资产负债率	1/5	1/4	1/3	1/2	1

表 3-5 层次分析法权重分析结果

一致性指标 CI	0.0171
平均随即一致性指标 CR	0.0153

层次分析法的权重结果在一致性检验中一致性指标 CI=0.0171，平均随即一致性指标 CR=0.0153，说明权重的分析是合理的。

盈利水平和发展能力是整个评价指标体系中的核心指标，这两者在评估体系中所占的权重分别是 0.16 和 0.68。

销售利润率=利润总额／营业收入×100%

净资产收益率=净利润/净资产

净利润=利润总额–所得税费用

净资产=资产–负债

资产报酬率=净利润/资产总额

资产负债率=负债总额/资产总额

第三，数据来源。本书主要是通过《中国工业统计年鉴2017》和《中国工业统计年鉴2018》收集整理了 41 个产业 2016 年和 2017 年的利润总额、主营业务收入、资产总计、应交所得税、负债合计、工业销售产值、从业人员平均人数等数据，通过整理归类，形成了盈利水平、债务风险、运营水平和发展能力相关指标的数据。

（二）数据结果与分析

根据模糊综合评价法的步骤，可以计算出我国战略性新兴产业中的 41 个子产业在盈利水平、债务风险、运营水平和发展能力四个方面的分值，并进一步得到 41 个产业的综合评价结果（见表3-6、表3-7）。

表3-6　2016年战略性新兴产业发展情况评价

行业	盈利水平	债务风险	运营水平	发展能力	综合能力
环境污染处理专用药剂材料制造	0.0255	0.0181	0.0505	0.0364	0.0349
环境保护专用设备制造	0.0191	0.0235	0.0274	0.0255	0.0245
废弃资源综合利用业	0.0147	0.0275	0.0363	0.0417	0.0359
污水处理及其再生利用	0.0450	0.0254	0.0110	0.0113	0.0176
其他水的处理、利用与分配	0.0501	0.0267	0.0157	0.0244	0.0278
计算机制造	0.0080	0.0297	0.0199	0.0261	0.0228
通信设备制造	0.0152	0.0302	0.0271	0.0330	0.0294

行业	盈利水平	债务风险	运营水平	发展能力	综合能力
广播电视设备制造	0.0194	0.0219	0.0299	0.0220	0.0223
雷达及配套设备制造	0.0181	0.0285	0.0160	0.0187	0.0189
电子器件制造	0.0128	0.0220	0.0158	0.0156	0.0155
电子元件制造	0.0164	0.0212	0.0302	0.0209	0.0211
生物化学农药及微生物农药制造	0.0216	0.0200	0.0423	0.0304	0.0295
生物药品制造	0.0324	0.0157	0.0369	0.0257	0.0272
水力发电	0.0648	0.0307	0.0124	0.0208	0.0277
核力发电	0.0815	0.0350	0.0144	0.0601	0.0575
风力发电	0.0531	0.0301	0.0080	0.0263	0.0290
太阳能发电	0.0682	0.0320	0.0092	0.0273	0.0324
其他电力生产	0.0324	0.0289	0.0105	0.0149	0.0182
金属加工机械制造	0.0150	0.0241	0.0218	0.0203	0.0198
石油钻采专用设备制造	0.0197	0.0219	0.0257	0.0244	0.0236
海洋工程专用设备制造	−0.0059	0.0355	−0.0051	0.0042	0.0036
电子工业专用设备制造	0.0172	0.0206	0.0221	0.0183	0.0187
渔业机械制造	0.0277	0.0211	0.0708	0.0456	0.0437
医疗仪器设备及器械制造	0.0266	0.0172	0.0371	0.0227	0.0244
地质勘查专用设备制造	0.0328	0.0197	0.0209	0.0148	0.0186
铁路运输设备制造	0.0226	0.0274	0.0257	0.0273	0.0264
航空、航天器及设备制造	0.0155	0.0281	0.0129	0.0161	0.0164
电机制造	0.0159	0.0265	0.0225	0.0231	0.0221
光纤、光缆制造	0.0190	0.0243	0.0258	0.0298	0.0273
通用仪器仪表制造	0.0232	0.0208	0.0325	0.0248	0.0251
专用仪器仪表制造	0.0242	0.0195	0.0345	0.0248	0.0253
光学仪器制造	0.0152	0.0197	0.0193	0.0138	0.0149
锂离子电池制造	0.0173	0.0276	0.0220	0.0216	0.0213
镍氢电池制造	0.0099	0.0241	0.0197	0.0183	0.0174
电车制造	0.0177	0.0178	0.0306	0.0209	0.0211
信息化学品制造	0.0162	0.0254	0.0158	0.0210	0.0200
特种陶瓷制品制造	0.0254	0.0156	0.0519	0.0292	0.0300

续表

行业	盈利水平	债务风险	运营水平	发展能力	综合能力
稀有稀土金属冶炼	0.0164	0.0199	0.0256	0.0261	0.0241
有色金属合金制造	0.0093	0.0282	0.0173	0.0270	0.0233
有色金属铸造	0.0125	0.0261	0.0259	0.0267	0.0243
稀有稀土金属压延加工	0.0084	0.0219	0.0112	0.0182	0.0162

表 3-7　　　2017 年战略性新兴产业发展情况评价

行业	盈利水平	债务风险	运营水平	发展能力	综合能力
环境污染处理专用药剂材料制造	0.0206	0.0208	0.0441	0.0337	0.0318
环境保护专用设备制造	0.0195	0.0232	0.0284	0.0256	0.0247
废弃资源综合利用业	0.0131	0.0280	0.0336	0.0398	0.0342
污水处理及其再生利用	0.0346	0.0253	0.0087	0.0120	0.0162
其他水的处理、利用与分配	0.0588	0.0293	0.0220	0.0315	0.0348
计算机制造	0.0100	0.0284	0.0235	0.0277	0.0245
通信设备制造	0.0102	0.0318	0.0171	0.0257	0.0228
广播电视设备制造	0.0192	0.0228	0.0309	0.0236	0.0236
雷达及配套设备制造	0.0166	0.0277	0.0153	0.0178	0.0180
电子器件制造	0.0160	0.0226	0.0183	0.0175	0.0177
电子元件制造	0.0162	0.0213	0.0297	0.0207	0.0209
生物化学农药及微生物农药制造	0.0220	0.0213	0.0433	0.0323	0.0310
生物药品制造	0.0320	0.0164	0.0365	0.0258	0.0273
水力发电	0.0615	0.0306	0.0119	0.0194	0.0262
核力发电	0.0698	0.0353	0.0144	0.0550	0.0521
风力发电	0.0609	0.0305	0.0095	0.0279	0.0316
太阳能发电	0.0658	0.0321	0.0100	0.0274	0.0322
其他电力生产	0.0385	0.0290	0.0131	0.0165	0.0205
金属加工机械制造	0.0143	0.0246	0.0214	0.0205	0.0198
石油钻采专用设备制造	0.0147	0.0243	0.0186	0.0217	0.0204
海洋工程专用设备制造	-0.0038	0.0344	-0.0045	0.0067	0.0057
电子工业专用设备制造	0.0209	0.0175	0.0243	0.0179	0.0190

行业	盈利水平	债务风险	运营水平	发展能力	综合能力
渔业机械制造	0.0227	0.0142	0.0581	0.0338	0.0332
医疗仪器设备及器械制造	0.0289	0.0176	0.0405	0.0249	0.0266
地质勘查专用设备制造	0.0361	0.0224	0.0236	0.0180	0.0217
铁路运输设备制造	0.0225	0.0270	0.0233	0.0245	0.0242
航空、航天器及设备制造	0.0153	0.0304	0.0123	0.0169	0.0170
电机制造	0.0166	0.0261	0.0232	0.0231	0.0222
光纤、光缆制造	0.0177	0.0233	0.0256	0.0299	0.0271
通用仪器仪表制造	0.0225	0.0206	0.0318	0.0244	0.0246
专用仪器仪表制造	0.0212	0.0190	0.0323	0.0233	0.0236
光学仪器制造	0.0198	0.0193	0.0251	0.0165	0.0181
锂离子电池制造	0.0205	0.0268	0.0238	0.0225	0.0226
镍氢电池制造	0.0127	0.0245	0.0265	0.0232	0.0219
电车制造	0.0172	0.0185	0.0334	0.0236	0.0232
信息化学品制造	0.0181	0.0247	0.0189	0.0227	0.0217
特种陶瓷制品制造	0.0246	0.0145	0.0493	0.0272	0.0282
稀有稀土金属冶炼	0.0172	0.0240	0.0216	0.0258	0.0239
有色金属合金制造	0.0105	0.0276	0.0206	0.0283	0.0246
有色金属铸造	0.0117	0.0209	0.0202	0.0209	0.0194
稀有稀土金属压延加工	0.0129	0.0213	0.0194	0.0235	0.0213

1. 战略性新兴产业 2017 年发展状况静态分析

（1）产业盈利水平评价。41 个子产业中，盈利水平最好的有核力发电，太阳能发电，水力发电，风力发电和其他水的处理、利用与分配，分值都在 0.05 以上，其中核力发电更是达到了 0.0698，远远高于其他产业，说明新能源行业在战略性新兴产业中整体表现突出，这和我国近几年大力推进节能减排的能源结构有着紧密的联系。同时，伴随着环境治理的制度的健全与完善，节约使用资源的观念也日渐人心，尤其是近几年来我国对大气和江河水系治理措施的不断加大，也使环保产业中的其他水的处理、利用与分配行业的盈利水平达到了 0.0588，在 41 个子产业的盈利水平中排名第五；污水处理及其再生利用行业的盈利水平达到了 0.0346，在 41 个子产业的盈利水平中排名第八，处于一个较高的水平。海洋工程专用设备制造、计算机制造、通信设备制造、有色金属合金制造和有色金属铸造等行业盈利水平堪忧，海洋工程专用设备制造的盈利水平甚至出现了负值，主要是因为在这些领域我国核心技术缺乏，产品有待升级改造，赢得市场的认可。

（2）产业运营水平评价。渔业机械制造、特种陶瓷制品制造、环境污染处理专用药剂材料制造运营水平处于前三甲，评估值分别为 0.0581、0.0493、0.0441。这三个行业运营效率突出、具有专业的运营能力，产业发展相对比较成熟，生产经营规模扩张迅速，造就了较高的产业运营水平。而风力发电、污水处理及其再生利用、海洋工程专用设备制造则位于倒数后三名，并且新能源行业其他子产业的运营水平排名基本垫底，可以看出新能源行业与部分环保行业在高盈利的基础上却无法保持运营水平的质量，同时我们也注意到，在对 41 个产业的运营水平进行评价的时候，大部分产业评估值都普遍较低，说明我国七大类战略性新兴产业的发展绝大部分处于产业发展的初期，受到诸如市场、资金、人才、技术等问题的困扰，想要促进战略性新兴产业的发展，需要我们在这些方面给予强有力的支持。

（3）产业发展能力评价。由于核力发电具有巨大的发展潜力以及不错的收益水平，该子产业的发展能力评价排在了首位，评估值达到了 0.055，发展能力较为突出。但对整个新能源行业来说，各子产业之间的发展能力差距较明显，其他电力生产的产业发展能力评估值仅为 0.0165，基本垫底。从七大类战略性新兴产业整体来看，41 个产业发展能力差距并不大，大多数产业的评估值都较为接近并且整体评估值偏低。产品科技含量低、产品种类单一、市场前景不明朗、缺乏国际竞争力成了大多数产业的共性问题。

（4）产业债务风险评价。渔业机械制造、特种陶瓷制品制造、生物药品制造的债务风险最低，这三个产业具有市场需求稳定、获利水平稳定的特征，保证了对长、短期债务的偿还。核力发电、海洋工程专用设备制造、太阳能发电的债务风险居于被评估产业的前三甲，这三个产业属于典型的资本密集型的产业，不仅具有较高的运营成本，而且还有较大的沉没成本，建设和运营都需要大量的资本投入，并且回收成本的周期较长，因此负债率较高。同时，综观41个战略性新兴产业，大多数产业都存在资金缺乏、负债率高的特点。

（5）产业综合能力评价。综合能力是对盈利水平、运营水平、债务风险、发展能力的总体评价。核力发电、其他水的处理、利用与分配，废弃资源综合利用三类产业的产业综合能力评估值为0.0521、0.0348、0.0342，在41个产业中排在前三位，说明新能源产业与环保产业的综合能力较强，但考虑到这两类产业运营水平相对较差的特点，应进一步鼓励这些产业的发展，鼓励其技术升级和产品结构完善，提高其综合竞争力。航空、航天器及设备制造，污水处理及其再生利用，海洋工程专用设备制造三类产业的综合能力评估值分别为0.017、0.0162、0.0057，位于被评价产业的最后三位，能够看出高端装备制造业的发展遇到了瓶颈，对于这类产业而言重点是要解决影响其发展的制约因素，如深化体制改革、增加自主创新、优化产业结构，多角度、多层面促进这类产业的发展。

2. 战略性新兴产业2016~2017年比较分析

（1）产业盈利水平比较。核力发电，太阳能发电，水力发电，风力发电，其他水的处理、利用与分配的盈利水平在2016~2017年占据前五名，说明新能源产业的盈利水平在战略性新兴产业中表现比较突出。其中2017年前五名子产业的盈利水平相比2016年前五名子产业的盈利水平来说，差距正在逐渐缩小，核力发电、太阳能发电、水力发电的盈利水平出现走低趋势，风力发电和其他水的处理、利用与分配的盈利水平出现走高趋势，从而使总体盈利水平趋于稳定。41个产业的盈利水平的相对位置并没有发生太大的变化，说明不同类别的战略性新兴产业的总体发展格局比较稳定，并没有表现突出的产业，产业发展中的内核因素和环境因素基本没有变化。七大类战略性新兴产业的盈利水平极差值缩小，由2016年的0.0874缩小到2017年的0.0736，可见在这两年中战略性新兴产业发展势头良好，先前发展较慢产业开始加速，并且取得了不错的成绩，战略性新兴产业的社会接受度得到了提升。

（2）产业运营水平比较。2016~2017年渔业机械制造与特种陶瓷制品制造的运营能力占据产业运营能力排名的前两位，而生物产业与环保产业的表现也比较抢眼，整体运营水平相较于其他行业来说评估值较高，但新能源产业的运营水平普遍低于41个子产业平均值（0.0243），相对处于一个较低的水平，两年间并没有发生明显的变化。七大类战略性新兴产业的运营水平极差值由2016年的0.0759缩小为2017年的0.0626，说明整体运营水平的发展正在逐渐趋于均衡，但2016年运营水平高于平均值的有19个行业，2017年运营水平高于平均值的有17个行业，说明战略性新兴产业运营水平提升较为缓慢。

（3）产业发展能力比较。在2016~2017年中产业发展能力排名前三甲的分别是核力发电、渔业机械制造、废弃资源综合利用业，但两年间这三类子产业的评估值均出现了一定程度的下降。其中新能源产业内部发展能力的差距较大，核力发电位居41个产业之首，而其他电力生产的发展能力排名较为靠后，说明新能源产业发展很不均衡；另外，环保产业间的差距也较大，内部子产业中废弃资源综合利用业与环境污染处理专用药剂材料制造在整体发展能力排名中居于前五位，而污水处理及其再生利用的排名为第40位，基本垫底。其他产业内部的行业差距虽然也存在，但都没有像新能源产业与环保产业这样差异巨大，其中装备制造业内部的发展能力差距较小。从整体来看，发展能力的极差出现了缩小的趋势，由2016年的0.0559下降到2017年的0.0482，但变化幅度较小，说明七大类战略性新兴产业整体的发展能力有待进一步提升，今后应该在注重七大类战略性新兴产业发展能力均衡性的基础上来提高产业的发展能力。

（4）产业债务风险比较。2016~2017年战略性新兴产业的债务风险扩大，极差值由2016年的0.0199扩大到2017年的0.0212，说明资金缺乏仍然是产业发展的瓶颈。其中新能源产业的整体债务风险水平最高，高端设备制造业中的海洋工程专用设备制造债务风险水平与新能源产业中的核力发电债务风险水平在两年间交替居于首位。整体来看，41个子产业的债务风险相对稳定，说明战略性新兴产业发展过程中资金投入缺乏的问题没有发生根本性的变化。

（5）产业综合能力比较。纵观 2016~2017 这两年，七大类战略性新兴产业中新能源产业的综合能力表现最为突出，核力发电的综合能力居于首位，但新能源产业间各子产业的发展相对来说并不均衡，其他电力生产位于 41 个行业发展的末端。新材料产业与环保产业的综合能力也并不十分均衡，稀有稀土金属压延加工与污水处理及其再生利用的排名相对靠后。装备制造业在七大类战略性新兴产业中综合能力较差的局面并没有改观，不过这两年间装备制造产业中部分子产业的综合能力出现了上升的趋势。同时，值得欣慰的是，经过两年的发展，战略性新兴产业的综合能力的集距有所缩小，极差值由 2016 年的 0.0538 缩小到 2017 年的 0.0465，说明各产业的发展意愿在增强，发展成果正在逐步显现。

（三）结论

综观全部的分析结果（尤其是产业综合能力的评价），我国目前战略性新兴产业总体发展水平都比较低，绝大部分的产业处于中低端水平，说明战略性新兴产业还有较大的发展潜力和空间，政府在利用政策性工具宏观促进和指导产业的发展过程中还有很多的事情可以做。在考察本书所构建的 4 个一级指标时我们不难发现，产业间的盈利水平、运营水平、发展能力还是存在不小的差异，各产业间的异质化的现象还是非常明显的，各产业在发展过程中由产业自身的特点、技术结构、市场需求、技术水平、发展阶段等诸多因素的差异所导致的战略性新兴产业发展异质性，使我们在利用政策性工具的时候不能采取一刀切的办法，要依各产业发展过程中呈现出来的特点，因业制宜、对症下药，切实以解决各产业发展过程中的瓶颈为着力点，通过对国民经济大环境和产业发展小环境的不断优化，充分发挥战略性新兴产业发展政策支持机制的作用。

第四节　政策工具与政策功能和
政策需求不协调问题分析

林毅夫认为，"产业政策是指一国政府或地区政府为了促进某产业在该国或该地区的发展而有意识采取的一系列措施，这些措施包括贸易保护、税收优惠、政府采购等。笔者认为林毅夫的这一定义对产业政策的性质做了较为翔实和宽泛的界定，但并没有对产业政策的适用性及阶段性进行详细的论述。2016 年林毅夫和张维迎两位著名的中国经济学界学者所进行的产业政策大辩论，让我们看到了两位大师思想碰撞的火花，也让我们了解了我国政府应该如何在战略性新兴产业发展过程中制定产业政策。我国目前产业政策制定中存在以下问题，制约着政策支持机制作用的发挥。

一、政策功能定位不准

国家信息中心披露的信息显示，虽然战略性新兴产业经过几年的发展，增长势头强劲，也具备了一定的产业研发能力和产业发展基础，但总体却呈现增速放缓的势头，进一步夯实产业基础仍是当下发展的重中之重。2013~2016 年，国家信息中心调查的 27 个战略性新兴产业重点行业的营收增速经历了 17.1%~11.3% 的变化，在这四年中战略性新兴产业的增速明显放缓（见图 3-5）。

同时，2016 年国家信息中心对 1000 家战略性新兴产业企业的跟踪调查显示，这些被调查的企业专利指数和研发投入指数为 -2.42 和 -1.78，企业的研发积极性遭到挫伤，表明企业普遍对未来的前景不太乐观。2016 年第四季度政策环境指数增幅开始呈现负值，这表明政策对企业的压力有所上升。这些数据表明我国战略性新兴产业政策的功能定位不准确，具体表现为以下两个方面：

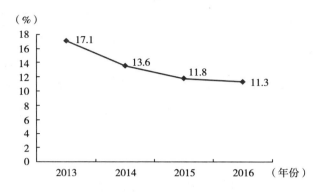

图 3-5　2013~2016 年重点行业营收增速

第一，政策的制定囿于行政职责的划分，加上政策主体间缺乏沟通，使政策与产业发展间的联动机制不健全。

我国政府的相关政策制定部门由于认识和经验不足，同时部门间缺乏政策层面的深入沟通和研究，对产业间的关联性关注度低，政策制定出来后协调度低、实施难度大，导致微观个体认知度低，最终政策效益大大缩水。从微观个体来说，逐利性的特点使其更多地关注那些短、平、快，即能很快看到经济效应的短期政策，而对于那些具有长期影响且具有累加效应的长期政策认识不足或者根本就不关注和不理解。政策制定部门在对政策效果进行评估时，也只是局限于自己的职责范围内，缺乏统一的宏观协调沟通机制，使政策不能因地因时地做出及时合理的调整和规范。

第二，政策工具绩效评价机制的缺乏，使政策支持战略性新兴产业机制中的信息反馈不充分、不完全，产生后续政策的功能性偏差。

产业的发展是阶段性的，在产业发展的不同阶段，政策的着力点和进入程度存在较大的差异。简单来说，就是产业政策要合时宜，不合时宜的政策无论初衷多好，如果不能对症下药，就不能用合理的政策手段帮助产业在不同的发展阶段渡过难关，也就不能实现促进产业发展的目标。从目前这些产业的发展来看，我国提出的大力发展战略性新兴产业的计划中普遍存在的问题是创新不足，即使在大量的政策刺激下创新效果也不明显，主要是因为在产业发展过程中对于关键环节并没有把握住、把握好。例如，政府给予企业的研发补贴，目的是通过研发新的技术或者通过技术改造的方式实现技术升级从而实现产业升级，但是我国的专利制度及专利保护存在漏洞和缺陷，我国企业的科技水平提升缓慢。实际上，鼓励创新本质上就是专利的市场化，专利保护体系在建立的过程中如果既能保护创新者的利益，又能考虑到市场学习者和模仿者的利益，那么我国的高技术产业和创新性产业就一定能获得不错的发展。因此，对于产业政策来说，合时宜、抓关键才是政府制定政策实现美好愿望的关键。

二、政策工具针对性不强

我国自2009年底提出战略性新兴产业这一专有名词以来，在六七年的时间里，从中央到地方，各级政府部门制定了基于产业或基于地方的、数量繁多的促进战略性新兴产业发展的政策，在政策的细节方面，有以技术指标为依据的，有以产品性质为依据的，可谓五花八门、内容完备。现有的政策从涉及的领域来说也较为全面，财税、金融、公共政策等均有涉足。但是，在这些政策中绝大多数都有一个共同的特点，就是"急于求成，缺乏耐心"，政策的制定者喜欢立竿见影的政策效果，短期所能呈现出的产业发展态势是执政者们所乐见的，而对产业发展的宏观取向及背景环境、战略布局往往关注较少。政策缺乏针对性成为中央和地方政策的共同特点。

第一，政策设计中产品标准要求缺乏，技术认证体系不健全。

战略性新兴产业的发展关系到我国今后国民经济发展的未来方向，关系到我国产业结构调整的效率，关系到一系列经济改革成果的实现。因此，战略性新兴产业发展的政策支持机制必须具备建设性和指导性，可实际情况却和客观要求存在一定的差距。目前政策和规划的重点往往集中于鼓励微观个体的科研开发，鼓励企业勇敢试错，当产业基础初具规模后，紧接着就是关注市场占有率，但往往缺乏质量把控的意识，质量标准"百花齐放"，技术认证体系不健全。这一切导致我们在参与国际竞争时，受制于人的现象时有发生，甚至影响到一个产业的发展。中国光伏产业发展的多舛命运就是很好的明证，由于缺乏质量标准和技术认证体系，2008年的金融危机、2011 年底的欧债危机给我国的光伏产业造成了巨大的冲击。究其原因，最重要的就是缺乏国家级的检测中心和认证中心等权威机构对产业发展的支持，从而使光伏产业发展呈现低端锁定的态势，在市场竞争中没有优势，于是出现了行业的产能过剩。

第二，政策设计中缺乏详细全面的政策支持保障，因业施策的理念缺失。

新能源汽车产业政策一出，一边是高额的政策补贴和骗补并存，另一边是新能源汽车市场增长乏力。之所以会出现这样令人尴尬的局面，是因为我们在促进新能源汽车发展的过程中，缺乏对症下药的政策体系，没有建立有效的支持产业发展的政策保障机制。反观德国在促进新能源汽车产业发展方面的政策，我们会从中得到很多启示。在促进新能源汽车产业发展时，德国不仅制定了发展目标，而且为了实现目标设计了一系列具体政策，比如技术路线的选择、对能量储存技术的扶持、对车辆驱动技术的扶持、对材料可获得性的支持、对基础设施发展的支持、对能源供应体系的扶持等。依据产业发展要求量身打造的相关具体政策与宏观政策一起形成了完备的政策体系，既有细致全面的总体规划，又有明确的阶段目标，同时还兼具清晰的技术路线，因业施策的理念非常值得我们学习和借鉴。

无论是战略性新兴产业概念的提出，还是供给侧改革的推进，都是我国经济发展过程中调整产业结构、转变经济增长方式这个宏观大格局中的初始环节和至关重要的变革。面对深化改革的历史任务，我们要遵循事物的客观发展规律，有程序、有步骤地循序渐进。一个产业的发展不是孤立存在的单一事件，而是与其他产业和经济全局存在千丝万缕的联系，制定和颁布政策也要遵循这一客观规律。这就要求促进战略性新兴产业发展的政策既要有短期的政策关注，又要有长远利益和目标的规划；既要关注产业目前自身发展的要求，又要在未来的经济全局中找到产业的位置和作用，这才是我们制定产业政策促进产业发展的应有之意。只有将促进战略性新兴产业发展政策的重心由重视短期实效转为重视长期的战略布局，才能在政府有效干预和市场按照自身客观规律发展这两者中找到平衡，否则就会出现政府过度干预导致的政府干预失败及市场失灵、市场失序的现象，或政府干预乏善可陈，出现缺位的现象。事实证明，市场和政府必须合理分工，有序分工才会使经济沿着健康稳定的轨道发展。

三、政策需求内容缺失

产业发展的力量主要还是来自市场的本身，政府的政策是通过市场外的力量为产业的发展提供更为良好的发展条件，助推和加速产业的发展。政府和市场在促进战略性新兴产业发展的问题上是搭档和相互配合的关系，政策只有符合客观实际才真正能起到促进作用。

我国在制定出台政策时，并没有形成战略性新兴产业发展所需的完整的生态系统，出台和颁布的政策往往缺乏系统性和全局性，政策内容缺失，不能形成有效的政策合力。主要表现在以下几个方面：

第一，具有针对性的具体行业发展计划缺失。政府的产业发展规划笼统而单一，对于行业未来发展的技术目标、项目投入计划严重不足。战略性新兴产业间产业结构特点的异质性决定了产业发展方向不同，如近几年来，轨道交通设备、智能装备制造、航空装备在高端装备制造业中的占比显著提高，与西方技术水平的差距也日益缩小，而海洋装备和卫星工程装备无论是在制造份额还是技术水平方面都与西方存在较大差距，高端装备制造业的发展规划中并没有详细地、分门别类地制定系统的发展规划。

第二，政策制定过程中没有考虑市场和技术间的互动循环。从全球经验来看，在新兴产业的培育和发展过程中，技术和市场两者都不可偏废，在制定政策的过程中要注重市场和技术的互动循环。国际中最好的例子就是在半导体行业韩国对日本的赶超，日本产业政策单一，只强调技术领先，而韩国产业政策注重技术和市场的结合，20世纪90年代末期，韩国在研发能力不及日本的情况下，市场占有率远远领先于日本。在日韩两国的半导体行业竞争中，日本的"技术领先就代表市场领先"的理念无疑要为市场占有率的落后承担责任。中国的新能源汽车产业在发展过程中过分强调市场占有，政府通过加大对生产企业的补贴和终端消费的补贴，意图扩大新能源汽车市场，但是由于缺乏在电池生产、电机生产中关键技术突破的支持引导，新能源汽车在市场中呈现了叫好不叫座的尴尬局面。市场优先而忽略关键技术的研发，还导致了生产企业骗取国家政府补贴的事件。

第三，政策制定过程中市场主体参与度较低。产业政策的制定最终是要作用于市场主体的，是要为产业的发展服务的。我国在制定政策的过程中政府"一家独大"，市场主体参与度较低，最终导致上层建筑美好愿景在落实的过程中无法与产业发展的实际需求相契合，出现了很多"水土不服"的现象。如我国医药行业，国外新药在我国审批程序复杂且冗长，仿制药的研发又存在种种制度性的障碍，不仅使患者不能得到及时充分的治疗，而且导致我国制药行业整体技术水平落后，医药行业在价格恶性竞争中发展缓慢。反观西方发达国家，产业政策制定的主体是产业联盟、机构和企业，如德国的"工业4.0"最初是由德国工程院、西门子公司、费劳恩霍夫协会等产业界代表和学术团体制定，德国联邦政府只是把最终的文稿上升为国家战略。在制定科学合理的促进战略性新兴产业发展的政策的同时，政府可以积极鼓励独立的、能真实反映市场客观存在的社会机构和社会团体的建立，让它们参与政策的制定、落实和评价，真正为产业的发展提供有益的支持和帮助，让政府真正实现促进产业发展的美好愿望。

四、政策支持执行失控

正如本书前文提到的，战略性新兴产业具有以下突出的特点：一是科技含量高，技术门槛高，拥有技术制高点；二是产业规模大，产业关联性强，引导和带动能力强；三是市场潜力大，成长性良好，能够促进社会需求结构的变化。这些特点使战略性新兴产业具有非常强的外部性，存在明显的效益外溢。这就导致战略性新兴产业在发展过程中无法单一地利用市场机制获得合理的收益，进行最优的资源配置，因此政府制定产业扶持政策的目的是降低企业的生产经营成本和风险，增强产业的发展能力和提高产业的发展效益。几乎所有政策的制定都有这样一个美好的初衷，利用政策制造利益的洼地，为战略性新兴产业的创新性行为提供打破市场均衡的助推力，从而实现资源的有效配置，推动生产可行性边际的外溢。

可在实际的实施过程中，由于对于各项优惠政策缺乏可行的、合理的效果跟踪和评估体系，缺乏对政策效果相应的科学评价机制，本是"授人以渔"的制度设计沦为了"授人以鱼"的资源浪费。这种激励机制的扭曲使一些圈内企业在利益驱动下，出现了寻租和套利行为。对于这些企业来说，套取国家政策的红利要远远大于创新可能带来的好处。

2016年，以财政部为首的四部委对主要的新能源汽车生产企业进行了专项检查，发现5家企业存在骗补行为，涉案金额近12.4亿元。而中汽协相关数据显示，93家新能源汽车生产企业中有72家涉嫌骗补，总金额高达92亿元。事后对涉事企业处罚过轻，骗取国家财政补贴的企业仅仅是退还补贴或者是经整改后不达标的退还补贴，违法、违规成本之低让国家政策成了"唐僧肉"，谁都想惦记。

从创新到实现经济利益还有很长的路要走，还存在重大的风险和失败的因素，可以说是前途未卜，而政策的红利可是真金白银，是当下就可以实现的。本来是鼓励创新、促进产业成长，提升经济增长质量的"初心"，却被这些微观的、别有用心的"无良"商家们觅得了谋取私利的"缝隙"，最重要的是这种现象的存在还会产生波及效应，无论是努力的还是不努力的都会纷纷效仿，可能会出现"劣币驱逐良币"的现象，最终可能导致产业政策的全面失败。

第五节　本章小结

本章在新兴产业发展的政策支持机制的框架下，初步对我国战略性新兴产业发展政策及政策工具的综合作用做了描述性的分析。从总体的角度盘点了我国战略性新兴产业的综合性政策和七大产业政策的演变，并总结了政策在演变过程中所呈现出来的特点，初步得出了以下结论：激励催化作用初步显现；政策的资源配置初见成效；政策的信息传导作用明显。在进一步的研究中，本书根据现有的统计资料，选取了41个产业作为战略性新兴产业细分产业的考察对象，通过构建产业盈利水平、产业运营水平、产业发展能力、产业债务风险、产业综合能力五个方面产业发展指标体系，对战略性新兴产业细分产业的发展状况进行了分析。分析结果显示，战略性新兴产业的发展呈现出整体水平不高、产业特点和趋势不明显、产业间发展差距大等特点，由此可知，新兴产业发展的政策支持机制作用没有得到充分发挥，政策支持机制存在运行不畅的问题，主要是政策工具与政策功能和政策需求不协调问题，主要表现为政策功能定位不准、政策工具针对性不强、政策需求内容缺失、政策支持执行失控。通过进一步对政策工具的评价，找到解决政策工具与政策功能和政策需求不相适应的具体方法，成为本书下一步研究的重点。

第四章

04
CHAPTER

战略性新兴产业政策支持
机制的实证检验

通过上文的分析可知，我国的战略性新兴产业在政策的引领和指导下取得了初步的成效，政策支持机制也开始运行，但对于战略性新兴产业中细分产业的考察发现，新兴产业发展的政策支持机制中激励约束作用、资源配置作用、信息传导作用发挥还存在障碍，造成这些障碍的制约因素是需要进一步探究的问题，遵循新兴产业发展的政策支持机制的工作原理，本章通过对现有战略性新兴产业政策的实施效果分析，试图去找到答案。

依托前文构建的战略性新兴产业发展的政策支持机制，本书接下来要做的是对于已有政策及政策效果进行绩效考核。政策作用的绩效评价分为两个步骤：一是从宏观的角度把政策作为一个系统考察，从系统运行的全局来判断已有的政策体系设计是否有效地促进了新兴产业的发展，这一阶段考核的内容是与新兴产业的发展阶段密切相关的，伴随着新兴产业的发展。考核的内容将会由单一的创新能力扩展到产业进程和市场的驾驭能力；二是从微观的角度考察单项的具体政策工具在针对具体的微观个体时的作用，在这个阶段需要精准把握政策工具的作用范围和机理，由于技术、环境、市场等诸多因素的影响，不同的产业对相同的政策工具的反映是不同的，即产业的异质性导致了产业政策的异质性。通过从宏观和微观两个角度对产业政策进行考察，就会发现已有的产业政策在支持新兴产业发展过程中的缺陷和不足。这些缺陷和不足形成信息源反馈到政府的决策部门，政府根据反馈的信息对已有的产业政策进行合理的调整和修正，为后续提出政策优化建议提供依据。

第一节　产业政策支持机制的实证模型和方法

一、现有政策支持机制的检验——政策效应评价

政策评价是指以一定的标准和程序，开展的对政策价值、效率、效

果、效益进行判断的活动和行为，其目的是通过对相关信息的收集和整理，形成具有参考价值的集合，成为现有政策变化、改进及新政策出台的依据。

政策评价的作用主要包括：检验政策的效率、效果和效益；对政策资源进行有效的监控；提升政策的科学性和民主性；在公共部门植入竞争意识，促使其服务质量和效率的提升；对政策的适用范围和生命周期的界定起决定性的作用。

政策评价是对政策进行分析的过程，是对政策活动全过程的价值进行的评估。从政策评价的时间选择来看，分为事前评价、事中评价和事后评价。事前评价是可行性的评价，是预测性评价；事中评价是过程性评价，是政策的监督研究；事后评价是实施效果评价，是总结性评价，同时也是政策演进和优化的起点。

政策效应的评价属于事后评价，产业政策效应的评价是对政策介入产业发展过程中，产业政策工具与产业政策目标匹配程度的考察和检验，通过对产业政策价值的判断，指导政策的调整和演进。

产业政策效应评价具备以下特征：①整体性和综合性。无论是元政策、综合性政策还是政策具体工具，最终的目的都是实现国民经济的健康发展，在产业政策分析的过程中，需要考虑产业间及产业内部本身所具有的关联性，同时还要考虑政策间的联动效应和总体性的效果，将产业和政策割裂开来进行单独评价，会付出科学性不足的代价。统筹兼顾、综合分析才是产业政策评价的正确选择。②静态性和动态性。政策效果与政策执行间是存在时滞性的，同时政策效果也存在累加性，在考察产业政策的效应时既要关注某一时点的效果，又要在一个连续的时间段考察政策对产业发展的影响效果，只有这样得出的结论才是全面的和客观的。③诊断性和反馈性。任何政策的执行都会由于各种各样的主客观原因产生失误和偏差，产业政策效应评价的目的就是通过科学、合理、客观的诊断，找到造成失误和偏差的原因，从而实现政策的优化。政策的评价是政府干预市场这个系统中非常重要的环节，政策效应评价将政策在市场中的作用、市场对政策反应等信息传递给决策者，实现市场和政府间信息的流动，提升决策水平和决策经验。

二、产业政策效应评价的标准及内容

产业政策颁布与实施的目的就是通过制度化环境的有效设计，直接或间接地参与产业的成长与发展，促进其在规模、效益、技术水平等方面取得长足的进步和增长，因而产业政策效应评价的标准应符合以下几点：

（一）整体系统的宏观经济影响评价

产业政策体系是政府各类具体政策组成的，按照特定逻辑关系有机联系的一个整体，对产业发展的影响是产业政策体系形成合力的结果，政策体系中的每一个子集的作用发挥都不是孤立的，都要与其他子集相互配合和联动才达到现实中我们所看到的结果，同时在考察某些政策时，由于其自身的指向性过于宏观和宽泛，无法实现准确的量化，这就使我们从宏观角度考察产业政策效应时，无论是从理论的角度还是从技术的角度来看，都要特别注意整体性和系统性的表达，最接近于真实的表达才是最客观科学的评价。

（二）单项具体的微观经济影响评价

微观个体的差异性是我们在政策效应评价时必须面临的现实。政策在不同的行业、不同的微观个体中的被理解程度、效应体现、作用时效都会因个体的不同而产生差异，因此在政策效应评价的微观层面，要特别注意对差异的描述和体现。基于此，在评价微观产业政策效应的时候，要单项政策、单一行业相对应地分别进行效应的评价和比较。只有这样的评价才是准确和科学的，也只有这样的评价才是有意义的。单项具体的微观经济影响评价可以为政策的优化和演进提供可靠的依据。

（三）以经济效益为核心的导向性评价

产业的生长、发展和繁荣无不是以经济效益的实现为导向的。以经济效益为核心是市场主体的共同选择。作为为市场主体发展繁荣服务的政策来说，必须顺应市场的价值选择，只有有助于实现经济效益的政策才能被市场所接受和认可，政策的颁布和执行才是有意义的。因此，在进行政策效应评价的时候，必须以经济效益为核心，建立反映微观个体和宏观总量的经济效益指标体系，通过量化的实证分析，找到政策在实现经济效益中的真正作用。这才是产业政策效应评价的根本，才能为政策的变更和调整提供指向性的检验结果。

三、产业政策效应的评价方法

（一）政策效应宏观有效性的评价方法

按照相关统计资料获得具体产业的经济统计指标，在选取指标的过程中更倾向于选取产业发展规模以及体现产业创新的经济指标构建指标体系，各指标的权重通过特定的方法确定，最终形成产业发展指标作为被解释变量（fz），以道格拉斯生产函数为基础和理论依据构建函数，在资本（ta）和研发人员（gfp）的基础上，引入综合政策变量（p）和政府直接参与创新的研发资金中的政府支出变量（gf）（见式4-1）。通过政策宏观性的分析，判断现行政策是否有效。

$$\ln fz = \alpha_0 + \alpha_1 \ln gf + \alpha_2 \ln ta + \alpha_3 \ln gfp + \alpha_4 \ln p + \varepsilon \qquad (4-1)$$

产业发展指标反映战略性新兴产业发展中的政策需求和产业政策的功能，政策的虚拟变量和研发费中的政府资金是产业政策工具在政策支持机制中的体现。

其中要特别注意的是，政策的综合性影响由于难以度量，可以采用构建虚拟变量的方法来解决。政策的效果释放具有累加性和长期性，虚拟变量的取值选择等差递增数列来进行表达，这样的表达方式更近似与客观现实的表述，同时也能体现政策效果自身所具有的属性。

对于产业发展指数来说，可选择的方法比较多，具体采用哪种方法取决于可获得的资料的数量和质量。考虑到目前我国还没有专门的战略性新兴产业统计数据，可以替代的高技术产业统计数据又非常有限，不能完全覆盖战略性新兴产业所有行业领域，如果选取主观性较强的专家评价数据，会产生最终评价可能存在较大偏差的风险。为了降低风险，本书选取了主成分分析法，这样的方法不仅能满足现实占有数据的情况，同时也能尽可能地保留客观性。

主成分分析也被称为主分量分析，目的是在降维思想的指导下，用少数几个综合指标（主成分）代替多数指标，其中每个主成分都能够反映原始变量的大部分信息，每个主成分所含信息互不重复。这种方法是用简单的几个主成分替代多方面的变量，把问题简单化，并且可以同时得到更加科学有效的数据信息的结果。

（二）政策效应微观异质性的评价方法

在产业政策效应的微观分析中需要特别注意的是，由于产业之间的异质性，同一政策在实施的过程中也会产生异质性。产业的异质性与产业政策效应的异质性是相匹配的。产业的异质性主要表现在技术水平、生产条件、资本供给、人才供给、市场环境、消费者结构等诸多方面，产业政策在通过制度性安排影响产业发展的过程中，是以遵循产业市场发展规律为前提条件的，产业政策效应的异质性在生产因素异质性的引导下，形成了政策效应流向和显示的异质性，最终形成了同一政策在一个产业的某一生产或消费环节影响较小，而在另一产业的某一生产或消费环节影响较大的差异。因此在分析政策效应的微观影响时必须在产业细分的条件下，对政策效应进行详细而精确的分析和评价。

具体的评价方法和步骤是：

（1）收集整理微观企业的生产经营数据。微观企业的各项生产数据和财务数据力求全面准确，同时要保证数据的动态性，即基础数据资料可以连续地记录微观企业的经营状态。本书选取生物医药行业和新能源汽车行业的上市公司，以2013~2016年的年度财报作为数据分析的数据来源（由于行业中对微观企业的认定滞后，以及相关重要数据存在大量的缺失，故舍去2011年和2012年的数据）。

（2）选择要分析的具体政策。对政策的相关内容要清晰把握，了解政策对微观经营主体的具体影响，同一类型政策对不同行业的影响是存在差异的，分析政策对微观企业的影响时要详细地考察和梳理，对于在政策作用环境中被考察的微观个体的生产经营过程中受到直接影响的生产因素和其他辅助性因素都要进行详细、细致的分析和研判。

（3）在第一步、第二步完成的基础上，确定被解释变量、解释变量和控制变量并构建计量模型，进行数据分析，根据数据分析的结果，结合先期的理论考察，通过不断尝试和适时调整变量，使模型的分析达到最优，并对模型运行的数据进行研究分析和总结，找到最终的分析结论。

第二节　战略性新兴产业政策宏观实证分析

一、实证样本的选择

2012 年 7 月 9 日，国务院以国发〔2012〕28 号印发的《"十二五"国家战略性新兴产业发展规划》指出，"战略性新兴产业是以重大技术突破和重大发展需求为基础，对经济社会全局和长远发展具有重大引领带动作用，知识技术密集、物质资源消耗少、成长潜力大、综合效益好的产业"。从该概念中我们发现，战略性新兴产业与高技术产业存在高度的关联性，从目前发布的各项统计口径来看，两者存在着巨大的共同交集。目前，战略性新兴产业没有相关专门统计，而高技术产业的统计资料翔实而具体，并且具有数据资料的高连续性，因此本书以高技术产业中的部分产业数据作为分析战略性新兴产业发展中政策作用的实证样本数据，以《中国高技术产业统计年鉴》（2009～2016 年）为依据采集样本数据。本书认为，高技术产业中属于战略性新兴产业的有中成药生产，生物药品制造，航空、航天器及设备制造业，通信系统设备制造，通信终端设备制造，广播电视设备制造，雷达及配套设备制造，半导体分立器件制造，集成电路制造，电子元件制造，医疗仪器设备及器械制造，仪器仪表制造产业等产业，并以上述 12 个产业为样本进行分析。虽然并没有涵盖七大战略性新兴产业所有的产业，但仍可管窥一斑。

二、变量的选择

本书通过构建战略性新兴产业发展指数作为被解释变量，以创新支持政策（研发经费内部支出中的政府资金）、规划引导政策作为解释变量，以资产、研发人员作为控制变量构建回归模型，其中政府政策为虚拟变量。我国 2010 年 9 月 8 日的国务院常务会议上审议并通过了《国务院关于加快培育和发展战略性新兴产业的决定》，如前文所述，之后相继出台了一系列促进战略性新兴产业的政策，由于政策的效果逐步显现并加强，该虚拟变量 2009 年和 2010 年为 0，2011 年为 1，2012 年为 2，2013 年为 3，2014 年为 4，2015 年为 5，2016 年为 6。

衡量战略性新兴产业发展程度的指标体系中，需要体现战略性新兴产业的创新性、成长性以及对研发的高投入性。本书根据《高技术统计年鉴》选择主营业务收入、研发投入、投资额、专利申请、利润、新产品开发数、新产品开发费，通过主成分分析法确定因素的权重构建发展指数（见表 4-1）。

表 4-1　指标变量定义及说明

变量	说明	符号
战略性新兴产业发展指标	主营业务收入	由主成分分析法确定各指标权重 fz
	研发投入	
	投资额	
	专利申请	
	利润	
	新产品开发数	
	新产品开发费	
规划引导政策	2009＝0；2010＝0；2011＝1；2012＝2；2013＝3；2014＝4；2015＝5；2016＝6	p

变量	说明	符号
研发经费内部支出中的政府资金	表示政府的直接参与	gf
资产总计	战略性新兴产业各产业的总资产	ta
研发人员	各产业中的研发人员数量	gfp

三、实证结果

（一）战略性新兴产业发展指数 fz 的确定

权重，是指指标在整体评价中的相对重要程度。权重大的指标重要性就高，对整体的影响就大。权重需要满足两个条件：一是每个指标的权重介于 0 和 1 之间；二是所有指标的权重和为 1。

主成分是指将原有多个相关性较强的变量 X_1，X_2，…，X_P 重新组合，生成几个彼此不相关的变量 F_1，F_2，…，F_M 使它们尽可能多地提取原有变量的信息，其中 F_1，F_2，…，F_M 就叫作主成分。本书在利用主成分分析法确定战略性新兴产业发展指数时用到的是主营业务收入、研发投入、投资额、专利申请、利润、新产品开发数、新产品开发费 7 个指标，利用软件 SPSS22 进行权重的确定。

表 4-2　KMO 检验标准

适合于主成分分析的程度	KMO 取值范围
非常适合	0.9<KMO
适合	0.8< KMO<0.9
一般	0.7< KMO<0.8
不太适合	0.6< KMO<0.7
不适合	KMO<0.6

表4-3　KMO 与 Bartlett 球形检验

Kaiser-Meyer-Olkin 测量取样适当性		0.824
Bartlett 的球形检验	大约　卡方	591.452

从表4-2、表4-3可知，战略性新兴产业7个指标的KMO值达到0.824，可以使用主成分分析法计算权重（见表4-4）。

表4-4　解释的总方差

成分	初始特征值			提取平方和载入			旋转平方和载入		
	特征根	方差的百分比（%）	累计方差贡献率（%）	特征根	方差的百分比（%）	累计方差贡献率（%）	特征根	方差的百分比（%）	累计方差贡献率（%）
1	4.837	69.099	69.099	4.837	69.099	69.099	3.310	47.283	47.283
2	1.311	18.732	87.831	1.311	18.732	87.831	2.838	40.548	87.831
3	0.337	4.809	92.640	—	—	—	—	—	—
4	0.258	3.683	96.324	—	—	—	—	—	—
5	0.135	1.927	98.251	—	—	—	—	—	—
6	0.101	1.437	99.687	—	—	—	—	—	—
7	0.022	0.313	100.000	—	—	—	—	—	—

前2个主成分对应的特征根>1，提取前2个主成分的累计方差贡献率达到87.513%，超过80%。因此前2个主成分基本可以反映全部指标的信息（见表4-5）。

表4-5　各指标在两个主成分线性组合中的系数

	指标	第一主成分	第二主成分
载合数	主营业务收入 X_1	0.856	-0.29
	研发投入 X_2	0.797	0.56
	投资额 X_3	0.787	0.383
	专利申请 X_4	0.775	-0.551
	利润 X_5	0.91	-0.278
	新产品开发数 X_6	0.875	-0.298
	新产品开发费 X_7	0.809	0.545

续表

	指标	第一主成分	第二主成分
	特征根	4.837	4.837
线性组合系数	主营业务收入 X_1	0.38921155	-0.13185905
	研发投入 X_2	0.36238505	0.254624379
	投资额 X_3	0.35783819	0.174144888
	专利申请 X_4	0.35238195	-0.2505322
	利润 X_5	0.41376462	-0.12640282
	新产品开发数 X_6	0.39785059	-0.13549654
	新产品开发费 X_7	0.36784129	0.247804083

由此可得两个主成分线性组合：

$$F_1 = 0.3892 X_1 + 0.3624 X_2 + 0.3578 X_3 + 0.3524 X_4 +$$
$$0.4138 X_5 + 0.3979 X_6 + 0.3678 X_7 \qquad (4-2)$$
$$F_2 = -0.1319 X_1 + 0.2546 X_2 + 0.1741 X_3 - 0.2505 X_4 -$$
$$0.1264 X_5 - 0.1355 X_6 + 0.2478 X_7 \qquad (4-3)$$

表4-6 所有指标在综合得分中的系数

		第一主成分	第二主成分
主成分的方差贡献率		69.099	18.732
线性组合中的系数	主营业务收入 X_1	0.38921155	-0.13185905
	研发投入 X_2	0.36238505	0.254624379
	投资额 X_3	0.35783819	0.174144888
	专利申请 X_4	0.35238195	-0.2505322
	利润 X_5	0.41376462	-0.12640282
	新产品开发数 X_6	0.39785059	-0.13549654
	新产品开发费 X_7	0.36784129	0.247804083

		第一主成分	第二主成分
综合模型得分中的系数	主营业务收入 X_1	0.27808115	
	研发投入 X_2	0.33940259	
	投资额 X_3	0.31866133	
	专利申请 X_4	0.22379651	
	利润 X_5	0.29856137	
	新产品开发数 X_6	0.28410193	
	新产品开发费 X_7	0.34224057	

由表 4-6 得到综合模型为：

$$Y = 0.2781 X_1 + 0.3394 X_2 + 0.3187 X_3 + 0.2238 X_4 +$$
$$0.2986 X_5 + 0.2841 X_6 + 0.3422 X_7 \qquad (4-4)$$

由于所有指标的权重之和为 1，指标权重需要在综合模型指标系数的基础上归一化（见表 4-7）。

表 4-7　指标权重

指标名称	综合模型系数	权重
主营业务收入	0.278081147	0.13338214
研发投入	0.339402588	0.16279508
投资额	0.318661329	0.1528465
专利申请	0.223796511	0.10734441
利润	0.29856137	0.14320552
新产品开发数	0.284101932	0.13627002
新产品开发费	0.342240569	0.16415633

（二）战略性新兴产业发展中政策的作用

根据上述主成分得出的权重结果，将战略性新兴产业的七个指标归一化后乘以相应的权重，就可获得战略性新兴产业的发展指数 fz，据此构建战略性新兴产业发展中政策的作用的回归方程（变量说明见表 4-1）。

$$\ln fz = \alpha_0 + \alpha_1 \ln gf + \alpha_2 \ln ta + \alpha_3 \ln gfp + \alpha_4 \ln p + \varepsilon$$

利用 Stata12.0 进行回归分析，回归结果如表4-8所示：

表4-8　战略性新兴产业发展中政策作用的估计结果

变量	随机效应	固定效应
lngf	0.051	0.142**
	(1.13)	(2.21)
lnta	0.746***	0.717***
	(7.32)	(6.23)
lngfp	0.215**	0.060
	(2.00)	(0.43)
lnp	0.028	0.058
	(0.84)	(1.47)
Constant	−0.209	−0.211
	(−1.62)	(−1.64)
Observations	48	48
R-squared		0.962
F		203.1
p	0	0

注：*** 表示 $p<0.01$，** 表示 $p<0.05$，* 表示 $p<0.1$。

通过 F 检验和 Hausman 检验选择使用固定效应，从估计结果来看，各变量在回归方程中估计系数符号和显著性保持一致，从一定程度上反映了结果的稳健性和可靠性，解释变量与控制变量的系数符号都为正，与事先的预计相同，可见政府的政策与支持确实在一定的程度上促进了我国战略性新兴产业的发展和繁荣。

四、结论

从实证的结果来看，我国战略性新兴产业发展过程中，虽然政策和资金扶持在某种程度上起到了正向的促进作用，但是系数都比较小，可见这样的作用是有限的，尤其是政策的促进作用非常微弱。战略性新兴产业发展过程中最重要的就是以重大科技突破为核心的创新能力和创新体系的形成，而从当前实证结果来看，我国战略性新兴产业发展中起到决定作用的还是体量（资产规模），这与创新常常发生在中小企业的国际经验存在一定的差距。综上所述，我国目前在促进战略性新兴产业的政策研究和调整中存在较大的空间，通过政策的调整和细化可以进一步释放政策促进产业发展的正向作用的潜力。"一刀切"的政策干预和模糊的政策概念对于战略性新兴产业发展的作用是很微弱的，如何来制定政策以及现有的七大战略性新兴产业对各类政策的反应度是否相同尚存疑问，这也为本书开拓了进一步研究的空间。

第三节　战略性新兴产业政策微观实证研究
——以财税政策为例

在战略性新兴产业政策微观考察中，本书选取了政策直接作用于产业发展的财政补贴政策和税收优惠政策。这两类政策直接作用于微观企业的生产和经营，政策导入与价值产出的作用链条较短，相较于其他政策行政程序、非经济的干扰因素较少，更能反映政策与产业发展之间的因果关系，再加上财政补贴政策和税收优惠政策本身就包含在微观企业的营收和成本中，利用计量模型来考察更具科学性。

为了比较政府财政补贴、税收优惠这两项政策对战略性新兴产业的激励效果的异质性，本章选择前文中综合发展能力相对较高的生物医药产业和综合发展能力较低的新能源汽车制造业进行检验。在这两个选定的产业内，税收优惠和政府补贴是并存的。这样既可以检验这两项具体政策措施对两个选定产业的整体激励效果，也可以检验这两种政策在不同产业间存在的差异。本书采用生物医药和新能源汽车制造两个行业内的上市公司作为研究对象，主要原因在于：①选择微观企业的财务数据分析税收优惠和财政补贴，以此来考察评估政策效果，能准确评估政府的政策对行业发展的整体影响；②通过构建政策变量和企业发展的计量模型，能揭示不同行业中税收优惠和财政补贴的传导机制，传导机制的差异是现行政策促进产业发展异质性的最好证明；③通过对微观企业的分析，可以为下一步政策的优化和调整提供更加准确的例证和说明，促进政策进行合理的调整。

一、理论阐述

在生物医药和新能源汽车两个产业中，税收优惠和财政补贴这两项支持政策的着力点和关注点存在较大不同，这就导致了构建计量模型中分析路径的差异。

生物医药产业的税收优惠政策主要有以下几类：促进投资的税收优惠政策；促进科技进步的税收优惠政策；促进产学研一体化发展的税收优惠政策；促进企业发展的税收优惠政策。生物医药产业的政府补贴有以下几类：建筑补贴、项目研发补贴、人才补贴。政府扶持生物医药产业的政策直接影响微观企业的发展，同时对于企业加大研发投入也产生了直接的作用，但与企业规模之间不存在必然的联系。故生物医药产业的微观分析模型设定为以下两个计量分析方程。

生物医药产业的发展指数=税收优惠+政府补贴+总资产规模

生物医药产业的研发投入=税收优惠+政府补贴+流动资产规模

现阶段新能源汽车产业的政府补贴主要集中在最终产品的消费阶段，以向消费者发放消费补贴的方式，通过刺激需求间接促进产业的发展，这样的扶持政策对企业扩大规模和加大研发投入都起到了促进作用。新能源汽车的税收优惠政策大体有两类：一类是针对购买者的税收政策，主要集中在车辆购置税、车船税、增值税三个税种中；另一类是针对生产厂家的税收政策，主要集中在消费税、增值税、企业所得税以及研发过程中，税收优惠的重点是探索大面积推广节能与新能源汽车的方式方法。在这两类税收优惠中，无论是优惠的数量还是优惠的力度更多的是倾向于现行税制中的消费环节，因此税收优惠与微观企业的发展之间不存在必然的联系。

新能源汽车的税收优惠政策与政府补贴政策的作用，在扩大企业规模和增加研发支出方面都有直接的作用。故新能源汽车产业的微观分析模型设定为以下三个计量分析方程。

新能源汽车产业的发展指数 = 政府补贴 + 科研人员数量 + 总资产规模

新能源汽车产业的研发投入 = 税收优惠 + 政府补贴 + 流动资产规模

新能源汽车产业的总资产 = 税收优惠 + 政府补贴 + 净利润 + 科研人员数量

因此，本书会根据政策在这两大产业所产生的不同作用力和影响力来构建计量模型，比较政府补贴政策和税收优惠政策在这两大产业发展过程中作用效果的不同。

二、变量选择和模型设定

根据前文的分析，本书实证研究的具体变量设置如下：

（一）被解释变量

承接前文对于战略性新兴产业发展中政策作用的分析，被解释变量为企业发展水平，企业发展水平是通过运用主成分分析法，以销售利润率、净资产收益率、资产报酬率、资产负债率、人均利润为基础构建的微观企业发展指数。

（二）解释变量

基于前文的分析，新能源汽车行业的发展指数只与政府的补贴之间存在直接的对应关系，因此政府补贴是新能源汽车行业的发展指数的解释变量。税收优惠和政府补贴直接影响新能源汽车企业的规模的扩大和研发投入，因此两者共同与生产规模和研发投入存在直接的联系，两者是新能源汽车企业资产规模和研发投入的解释变量。税收优惠和政府补贴对生物医药和新能源汽车两类行业的微观企业的影响范围存在差异，所以对于新能源汽车行业来说，被解释变量还有企业的研发投入和总资产规模；生物医药行业的被解释变量还有企业的研发投入。

生物医药行业中的税收优惠和政府补贴对微观企业的发展和研发的投入

共同产生作用，因此两者是生物医药行业发展指数和研发投入的解释变量。

（三）控制变量

模型中的控制变量是与解释变量相关的其他因素，包括总资产、营业总收入、流动资产、研发人员、净利润（见表4-9）。

上述变量都从上市公司的年报中获得。

表4-9　战略性新兴产业发展中政府政策作用的微观分析变量说明

	被解释变量		解释变量		控制变量	
	名称	符号	名称	符号	名称	符号
1	发展指数	fz	税收优惠	tr	总资产	ina
2	研发投入	rd	政府补贴	sub	营业收入	inc
3	总资产	ina	—	—	科研人员	te
4	—	—	—	—	流动资产	ca
5	—	—	—	—	净利润	pro

（四）模型的设定

1. 新能源汽车企业政策作用模型

新能源汽车企业政策作用模型如式（4-5）、式（4-6）、式（4-7）所示。

$$fz_n = \alpha_{n1} + \beta_{11}^n inc_n + \beta_{12}^n te_n + \beta_{13}^n sub_n + \varepsilon_{n1} \qquad (4-5)$$

$$rd_n = \alpha_{n2} + \beta_{21}^n tr_n + \beta_{22}^n sub_n + \beta_{23}^n ca_n + \varepsilon_{n2} \qquad (4-6)$$

$$ina_n = \alpha_{n3} + \beta_{31}^n te_n + \beta_{32}^n tr_n + \beta_{33}^n sub_n + \beta_{34}^n pro_n + \varepsilon_{n3} \qquad (4-7)$$

2. 生物医药企业政策作用模型

生物医药企业政策作用模型如式（4-8）、式（4-9）所示。

$$fz_p = \alpha_{p1} + \beta_{11}^p ina_p + \beta_{12}^p tr_p + \beta_{13}^p sub_p + \varepsilon_{p1} \qquad (4-8)$$

$$rd_p = \alpha_{p2} + \beta_{21}^p tr_p + \beta_{22}^p sub_p + \beta_{23}^p ca_p + \varepsilon_{p2} \qquad (4-9)$$

三、数据采集与处理

本书最初选取的样本为2013~2016年我国新能源汽车行业和生物医药

行业的上市公司，生物医药行业以中国证监会上市公司行业分类确定，新能源汽车属于新兴产业，行业分类中没有相应的类别，笔者根据中经在线相关资料披露及上市公司的基本材料确定数据采集样本：生物医药企业 76 家，新能源汽车企业 53 家。在实证样本选取的过程中重点考察了样本中税收优惠和政府补贴的数据情况，连续四年税收优惠项目值为零的企业不作为考察对象，最终确定的样本数量为新能源汽车企业 46 家，生物医药企业 50 家，分产业利用 Stada12 进行面板数据的分析。

为了能准确地比较税收优惠、政府财政补贴两种政策工具的差异以及其在不同行业间的差异，本书以企业在经营环节中获得的财税激励来确定变量值，以样本企业四年财报中"收到各项税费返还"科目的数值作为税收优惠的指标值，以财报中"政府补助"科目的数值作为政府补贴的指标值。计量模型中的其他指标值都取自财报中相对应的会计数据，对于所有变量的数据指标，笔者都通过下载被考察企业的四年财报逐项录入。

因为计量模型中选取的企业经营状况只考察三年的数据，数据集不涉及距离度量、协方差计算，数据不符合正太分布，所以采用线性函数归一化（Min-Max scaling）的方法，将原始数据线性化的方法转换到 [0，1] 的范围，归一化公式如下：

$$X_{nrom} = \frac{X - X_{min}}{X_{max} - X_{min}}$$

其中，X_{norm} 为归一化后的数据，X 为原始数据，X_{max}、X_{min} 分别为原始数据集的最大值和最小值。

四、实证结果

（一）新能源汽车企业政策作用结果

通过 F 检验决定采用非混合效应，通过 Hausman 检验决定采用固定效应，说明模型的设计是合理的（见表 4-10）。在新能源汽车企业中政府补贴的效应系数是负值，可见对于这类企业的直接补贴并没有起到正向的促进作用，这与现实中有些汽车企业利用政府补贴政策的漏洞套购政府资金，甚至存在僵尸企业的复活等负面新闻相符，在这个层面上政策的实施效果与政府最初的意愿是背道而驰的。研发人员的系数为0.247，说明研发人员对于新能源汽车企业的发展起到较大的作用。

通过模型中被解释变量系数的观察，政府补贴和税收返还对于新能源汽车行业的研发投入都存在正向的促进作用，政府补贴的系数是0.445，大于税收优惠的系数0.128，说明在新能源汽车行业政府补贴促进研发活动的效应大于税收返还对研发活动的促进效应。

现阶段，在新能源汽车产业链中税收优惠和政府补贴为企业扩大规模起到了促进作用。在企业规模扩张的过程中，研发人员的数量却成了滞后项，可见研发人员的结构和质量会成为企业做强的一个关键性因素。

表4-10　新能源汽车企业政策作用分析结果

变量	发展指数		研发行为		企业规模	
	随机效应	固定效应	随机效应	固定效应	随机效应	固定效应
	fz	fz	rd	rd	ina	ina
te	0.044 -0.55	0.247* -1.88	—	—	-0.061** (-2.15)	-0.264*** (-5.44)
sub	-0.15 (-1.31)	-0.613*** (-4.86)	0.436*** -6.73	0.445*** -8.45	0.442*** -12.59	0.400*** -10.69
tr	—	—	0.101** -2.03	0.128** -2.01	0.159*** -5.9	0.134** -2.42
inc	0.265** -2.21	2.038*** -7.27	—	—	—	—
ca	—	—	0.236*** -3.09	-0.194** (-2.17)	—	—
pro	—	—	—	—	0.574*** -13.21	0.280** -2.25
Constant	0.218*** -18.63	0.159*** -11.56	0.002 -0.19	0.021*** -3.74	-0.070*** (-10.65)	-0.011 (-0.56)
Observations	138	138	138	138	138	138

续表

变量	发展指数		研发行为		企业规模	
	随机效应	固定效应	随机效应	固定效应	随机效应	固定效应
	fz	fz	rd	rd	ina	ina
Number of id	46	46	46	46	46	46
F	—	17.69		30.73	—	76.91
p	0.117	4.33E-09	0	0.00E+00	0	0

注：*** 表示 $p<0.01$，** 表示 $p<0.05$，* 表示 $p<0.1$。

（二） 生物医药企业政策作用结果

通过 F 检验和 Hausman 检验决定采用固定效应（见表 4-11）。生物医药行业中政府补贴的系数为正说明政府对于企业的研发补贴起到了一定的促进作用；税收优惠的系数为负说明税收优惠则没有起到理想的促进作用；模型中企业总资产的系数较大，说明生物医药企业的发展对企业规模有较大的依赖度，而科技人员却成了企业未来发展的瓶颈。

在生物医药企业中，政府补贴的系数是 0.135，说明政府补贴对于企业的研发具有正向的促进作用；税收优惠的系数为负，说明现有医药生物企业的税收优惠对于企业研发的促进作用是负的，虽然从模型数值看很小，但也改变不了税收优惠没有促进生物医药企业加大研发投入的事实。

表 4-11　生物医药企业政策作用分析结果

变量	发展指数		研发行为	
	随机效应	固定效应	随机效应	固定效应
	fz	fz	rd	rd
sub	0.071	0.140**	0.171***	0.135***
	-1.48	-2.38	-4.77	-3.6
tr	-0.088*	-0.105*	-0.024	-0.04
	(-1.90)	(-1.73)	(-0.66)	(-1.02)
te	-0.09	-0.369**	—	—
	(-1.46)	(-2.53)		

续表

变量	发展指数		研发行为	
	随机效应	固定效应	随机效应	固定效应
	fz	fz	rd	rd
ina	0.107 -1.49	0.297 * -1.72	—	—
ca	—	—	0.210 *** -4.67	0.194 *** -3.25
Constant	0.109 *** -6.78	0.126 *** -3.78	0.018 -0.93	0.029 * -1.82
Observations	150	150	150	150
Number of id	50	50	50	50
F	—	3.968	—	9.129
p	0.0858	0.00505	0	2.22E-05

注：*** 表示 p<0.01，** 表示 p<0.05，* 表示 p<0.1。

五、结论

通过对新能源汽车制造和生物医药两个行业中微观企业的数学模型分析，我们发现由于产品、市场、技术结构与水平等诸多因素的影响，政府相同类型的政策对微观主体的影响却存在较大的差别，产业的异质性导致了政策作用的异质性，这就使我们应当考虑在利用政策工具促进产业发展时，不能一刀切，要因地制宜、因时制宜。

政策对产业促进作用的发挥取决于政策本身的属性。在制定政策时，先要明确政策的预期效果，确定期望值；在实施政策时，随时监控政策的影响力，对于不适合的内容和环节予以修正和整改；与受政策影响的企业建立畅通的信息反馈机制，同时建立政策效果评价机制，为下一步政策调整建立动态的保证机制。

对于个性化的产业政策要量体裁衣，结合微观企业发展的实际解决产业发展中的瓶颈，切实解决产业发展中的关键问题和难点问题。对于共性的产业发展政策，应以不干预企业生产、使市场成为指导企业发展的唯一因素为原则，以营造良好、公平的市场环境为重点，为微观企业提供充分、多样的生产要素。通过为企业生产、产业发展有效、充足地供应公共生产条件，提升产业发展的能力和水平。从市场经济的运行法则和产业发展的客观规律来考虑，共性的政策供应才是我国政策促进战略性新兴产业发展、促进创新系统建立、促进产业结构调整的最重要的市场需求。

第四节　本章小结

本章运用计量经济模型对现行政策的有效性进行了宏观实证分析，以《中国高技术产业统计年鉴》（2009—2016 年）为依据采集样本数据，选取了 12 个产业的数据，利用主成分分析法构建产业发展指数并将其作为被解释变量，政府政策作为累积性虚拟变量配合其他变量构建方程。研究表明，我国现行的战略性新兴产业发展政策在宏观层面是有效的，但是总体效果非常微弱，这和第三章的结论是一致的，说明我国战略性新兴产业发展的政策支持机制已经建立，且作用已初步发挥，但存在巨大的政策完善空间。在进一步的研究中，本章选择了生物医药产业和新能源汽车产业的上市公司作为考察对象，就其发展中财税政策的作用做了微观分析，发现政策效果因产业的异质性而呈现异质性，从而找到了导致现有政策有效性不足的原因。微观分析再一次印证了第三章中对战略性新兴产业细分产业的分析结论，并找到了阻碍机制作用发挥的根本原因，即在制定产业政策的过程中对产业异质性缺乏足够关注，导致在制定政策的过程中只注重总体的规划和引导，而忽视了产业间客观存在的差异，再加上政府制定政策时对各产业的认识需要一个过程且这个过程受到多重因素的影响，进而使新兴产业发展的政策支持机制的作用没有得到充分的发挥。本章的研究结果为产业政策的优化提供了现实的依据。

第五章

05

CHAPTER

新兴产业支持政策的
国际经验借鉴

前文的研究表明，中国的战略性新兴产业发展中政策支持机制作用的发挥并不充分，中国政府在政策设计的过程中存在很多不足。发达经济体如何通过政策设计让新兴产业发展的政策支持机制发挥作用成为本章要重点考察的问题。2008 年的"国际金融危机"使世界各主要国家的经济都遭受到了巨大的打击，在当前的"后危机时代"，为了尽快摆脱经济危机的困扰，走出经济衰退的阴影，世界各国积极采取措施，培育和发展符合各自经济未来发展要求的新兴产业，培育新的经济增长点。美国、欧盟、日本、韩国等发达经济体纷纷通过制定国家未来的发展战略，选择不同的新兴产业，采取一系列的政策措施促进实体经济的发展。在全球化和信息化的浪潮中，全球经济发展模式的转型已经成为新的时代主题，现代信息技术、环境保护、智能制造、新能源等领域已经成为世界各国争相夺取的战略制高点。

第一节　发达经济体支持新兴产业发展的产业政策

一、着眼未来，规划先行

（一）美国——制造业国家创新网络建设

在本轮经济危机中，失业和经济衰退让美国承受着巨大的压力，近 20 年的去工业化使美国的国际竞争力大幅下降，迫切需要转化发展动力以实现产业体系升级，在这样的背景下美国政府提出了再工业化战略。2009 年奥巴马签署了 *American Recovery and Reinvestment Act of* 2009，该法案总额为 7870 亿美元，新能源是其发展的重点产业，除此之外还包括高效电池、碳捕获与碳储存、智能电网等，而且该法案当中对科学研究拨款总计达 215 亿美元（180 亿用于科学研究活动，35 亿用于研究开发新设备和仪器）。美国的再工业化战略是由一系列政策和措施来保证实施的，如鼓励科技创新、发展新兴产业、支持中小企业等，通过这些手段加快产业的更新换代并促进科技进步。

为了保持其第一科技强国的世界地位，美国总统奥巴马在他的两个任期内发布了三次国家创新战略报告，从国家战略层面对科学研究和新技术的开发进行整体布局。2015 年 10 月发布的最新版的报告是奥巴马政府的"科研成绩单"，奥巴马政府在其七年的任期内对九个科研领域的发展做了巨大的支持，它们分别是先进汽车、脑计划、先进制造、智慧城市、教育技术、精准医学、太空探索和前沿计算技术、清洁能源以及节能技术。这九个领域的重点投入与扶持，是考量众多因素的结果，但其中最重要的因素是保证美国是世界上最具创新力的经济体。2016 年 1 月，美国政府宣布了"抗癌登月计划"，该计划是一项新的科研战略目标，主要是资助癌症预防、疫苗的研发、早期癌症检测、癌症免疫联合联盟、肿瘤基因组分析等，在未来的两年里美国政府将投入 10 亿美元资助该计划。

（二）欧盟——第八框架计划（FP8）

2013 年欧盟在"里斯本战略"结束的时候启动了"欧盟 2020 发展战略"，作为落实发展战略主要手段和工具的"第八框架计划"（FR8）于 2013 年 12 月 11 日启动了（见表 5-1）。FR8 又名"地平线 2020"，是欧盟新的研究与创新框架计划，从 2014 年到 2020 年，总价值为 770 亿欧元。从 1984 年开始的 FR1 到 2013 年结束的欧盟的框架计划 FR7，是欧盟全方位的科技合作与发展战略。2008 年的金融危机使框架计划中执行力度不够、最终目标实现不理想等问题凸显出来，欧盟委员会在保留了框架计划优势内容的基础上对其做了重大的改革。"地平线 2020"简化、统一了各资助板块，重新设计了研发框架，保留了合理的政策，简化了项目申请和管理的流程，该计划的提出标志着欧盟的研发进入了新纪元。

表 5-1　欧盟"地平线 2020"计划战略优先领域与单列资助计划

单位：亿欧元

战略优先领域	单项预算金额	具体行动内容和计划	总预算金额
基础科学	130.95	欧洲研究理事会（ERC）：最优秀科研人员领衔的前沿研究	244.41
	26.96	未来和新兴技术（FET）：开创新的创新领域	
	61.6	玛丽·斯克沃多夫斯卡—居里行动（MSCA）：科研培训和职业生涯发展计划	
	24.88	欧洲基础研究设施，包括 e-基础设施：建造世界一流的基础设施	
工业技术	135.57	在使能技术和工业技术中保持领军地位（LEIT）：信息通信技术、纳米技术、材料、生物技术、制造技术、空间技术	170.16
	28.42	撬动风险投资：激励研发和创新领域的私人投资和风险投资	
	6.16	中小企业创新计划：促进各类中小企业各种形式的创新	
社会挑战	74.72	卫生，人口变化和福利	296.79
	38.51	粮食安全，可持续农业、林业和渔业，海洋与内陆水研究，生物经济	
	59.31	安全、清洁、高效的能源	
	63.39	智能、绿色和综合的交通	
	30.81	应对气候变化行动、环境、资源效率和原材料	
	13.09	欧洲在一个不断变化的世界中创建包容性、创新性和反省性的社会	
	16.95	社会安全—保障欧洲及其公民的自由与安全	
单列资助计划	8.16	参与扩大化，人才广泛化	
	4.62	科学与社会	
	27.11	欧洲创新科技研究所（EIT）	
	19.03	联合研究中心非核能研究（JRC）	
合计			770.28

资料来源：中国科协创新战略研究院《创新研究报告》。

（三）日本——超智能社会

2009年3月，日本政府为了应对金融危机，出台了"信息技术发展计划"，该计划为期3年，2009年4月又推出了将低碳经济、清洁能源发电、节能汽车、医疗护理等产业作为未来产业发展重点的"新增长战略"，2009年12月又出台了将人才培养、环境资源、文化旅游、医疗护理、促进就业和科技创新六大领域作为保增长的2020年中长期发展战略方针。2016年1月，日本内阁根据日本的国情通过了2016~2021年第五个科学技术基本计划，这项国家科研计划每5年更新一次，第5个科学技术基本规划提出要建设领先于全球的"超智能社会"。

（四）韩国——创意产业

早在2010年，原韩国国家技术委员会就批准公布了《大韩民国的梦想与挑战：科学技术未来愿景与战略》，对韩国2040年的科技发展前景做了顶层设计。朴槿惠执政后，对科技和经济现行模式进行了改革，提出了"创意产业"的理念。2013年2月，韩国拟定了旨在开发基础科学创新的《2013年创新事业的发展计划》，共计投入10亿韩元；2013年7月，韩国政府发布《第三期科学技术基本计划（2013—2017）》，选定了5大科研领域30项核心技术120个战略技术项目，计划未来五年投入92.4万亿韩元支持科技发展；2013年12月，韩国政府又公布了《第六次产业技术创新计划（2014—2018）》，计划5年内耗资17.8万亿韩元，建设"良性循环的产业技术生态系统"。2014年7月，韩国国家科技审议会通过了《支持中小企业的技术革新的中长期规划（2014—2018）》，希望通过该规划提升韩国中小企业的技术竞争力。2014年12月，韩国通商产业资源部针对未来韩国能源产业领域的科技研发提出了《第三次能源技术开发规划》。

二、多措并举，定位精准

（一）美国

1. 加大财政投入

第一，增加企业创新和新技术的投入力度。美国的《复苏与再投资法案》（以下简称《复苏法案》）是有史以来增幅最大的研发投入计划，该法案对关键科研开发的预算倍增，如美国国家科学基金会、国家标准研究所、能源科学部及技术实验室项目。通过 TIP 项目（技术创新项目）对国计民生中高风险、高收益的关键领域研究进行资助，该领域的成果就会在原料科学、生产技术、产品设计等方面潜在地刺激美国制造业的创新能力，TIP 的经费投入从 2009 年的 6000 万美元增长到了 2015 年的 10000 万美元。

第二，加大通信基础设施和交通的财政投入。美国在其《复苏法案》中对高速公路和公共交通系统的基础设施项目提供 360 亿美元的资助，同时通过"为了效益改革"提高交通融资系统的透明度和投资回报率。《复苏法案》还拨款 72 亿美元用于扩大宽带范围，2010 年提供了 13 亿美元用于提高宽带容量和电信服务。美国能源部在 2009 年 8 月为 25 个清洁城市联合拨款 3 亿美元，支持公共交通和私人交通的联合，支持建设 9000 辆新能源汽车和 500 个提供新能源汽车能源的基础设施，此外美国能源部还提供 45 亿美元的资金支持 Smart 电网，这些资金主要用于开发更多的储存电能以及节能新技术等提高 Smart 电网效能的因素上。美国政府认为投资于这些社会基础设施和经济基础设施会为培养下一代创新者提供良好的环境和基础。

2. 增加税收优惠的幅度

美国对再生能源和新能源研究公司提供税收抵免。将实验和研究性行为的税收抵免固定下来，明确地告诉这些公司可以在美国做长期的研究和实验投资。美国 2010 年的政府预算当中就明确了未来几年关于研究和实验行为税收抵免的额度，并承诺这样的税收优惠在预算执行中不会调整。在美国的《复苏法案》当中，还有用 7000 美元的抵税鼓励消费者购买节能型汽车。新能源和再生能源制造业的税收抵免支持了美国绿色经济的发展，据初步测算，《复苏法案》中 23 亿美元的税收抵免相当于对绿色经济发展（绿色产品设立、工厂的建设及配置）提供了 75 亿美元的投资，实际产生的收益可能比预期还要大。

（二）欧盟

欧盟不断加大研发投入，支持企业创新，营造良好的创业创新环境，并为此采取了一系列的措施：

第一，提高中小企业竞争力。欧盟在"地平线 2020"计划下设立了"2014—2020 年中小企业竞争力提升计划"（COSME），该计划总预算金额为 22.98 亿欧元，用于支持中小企业融资的资金占比达到了 60%以上，提高中小企业市场能力的资金占比达到了 21.5%以上，用于改善中小企业可持续发展环境和提升市场竞争力的资金占比达到了 11%以上，用于培育创业文化和促进创业的资金占比达到了 2.5%以上。

第二，创新金融工具。欧洲投资银行和欧委会合作创新金融工具，增强了企业特别是中小企业的融资能力。2007 年欧洲投资银行和欧委会合作共同创立了风险共担联合担保计划（RSI），共同出资建立了风险共担金融工具（RSFF）。RSI 是一项针对创新性中小微企业的担保金机制，目的是提高其贷款融资能力。拥有 RSI 项目的中小微企业在项目进行过程中受挫遭遇损失时，50%的损失份额自动由担保金支付，RSI 是通过金融中间机构向企业提供这项贷款或融资支持的。RSFF 是欧洲各投资银行出资建立的总额为 20 亿欧元的风险准备金，当 RSFF 支持的中小企业贷款项目出现违约时，由该风险准备金承担损失，RSFF 涉及的领域包括医药卫生、清洁能源与可再生能源、交通与通信、生物制药等。

第三，建立欧洲企业网络。创建于 2008 年的欧洲企业网络（EEN）是一个创新性中小企业网络系统，目的是支持企业创新，帮助创新型企业寻找商业和技术合作伙伴。EEN 拥有一个包含 1.3 万个项目的技术供求信息库，是欧盟中小企业研发创新的合作平台。权威机构的数据调查显示，该平台目前运营效果极好，产生了非常好的社会和经济效果。

（三）日本

"超智能社会"主要是为了应对人口老龄化给日本经济带来的负面影响——保障费用提高、税收增长乏力，通过科技创新提高日本的生产率，实现创造就业和经济增长的目标。为建成"超智能社会"，日本社会研发投资总额要占到 GDP 的 4%以上，其中政府投入占 GDP 的比例应达到 1%，如果按照每年 3.3%的 GDP 增长率来计算，日本政府投资额约合 2288 亿美元。

日本还制定了一系列配套的政策措施,如税收优惠、财政补贴、政府采购等财税杠杆,鼓励新兴产业产品应用和培育新兴产业市场。一是通过对节能技术产品研发应用的财政补贴推广节能示范项目。2001年该项财政预算是520亿日元,2007年为1100亿日元,每年有400亿日元用于补贴ESCO和高效热水器、家庭和楼房能源管理系统等。同时通过财政贴息和低息贷款等方式,鼓励和吸引中小企业投身于新兴产业领域。二是通过明确政府采购清单,不断加强对新能源、节能环保等新兴产业的支持。三是加大对新兴产业产品的税收优惠力度。例如,对列入目录的节能设备进行特别折旧和税收减免,减免的税收占设备成本的7%,在正常折旧的基础上还可提取30%的特别折旧。

(四) 韩国

朴槿惠政府推行的原创技术领先型的创新战略,在增加基础科学研究投资的同时,加强研发的主体力量,主张联合开发,为了鼓励民企的研发活动,政府还制定了密集的刺激研发创新的政策。

2014年初,韩国未来创造科学部指定的3项发展战略包括14项征税改革措施,包括:鼓励金融业投资于民间科研,推进技术型企业和金融型企业联合发展;鼓励技术型大学与科研型中小企业合作;政府优先采购中小企业的技术产品;改革企业研究机构认证制度,通过差别化的政策加强产学研合作。2015年初,韩国政府出台了第三期《中小企业的技术革新的中长期规划(2014—2018)》,主要针对企业进行初创期的创新能力培养、中期的创新援助,为企业与大学、研究机构间的研发合作提供政府补贴,并为中小企业与国外大学、国际科级机构合作研发提供机会。

三、精心打造产业发展环境

(一) 美国

美国政府在电池、纳米、清洁能源及生物工程等领域,使用逆向拍卖及奖励联合的方式刺激基础研究取得突破和早期产品的商品化。

为新企业尤其是研发科技产品的小企业提供资本。美国小企业署（SBA）提高了担保贷款的担保水平并且扩大了商业放款人的基础，同时小企业投资公司（SBIC）还为小企业在股本市场撤回投资时提供债务过渡融资。

为先进交通工具制造提供贷款。该项目投入 250 亿美元，目的是降低政府对石化能源的依赖性，鼓励企业生产更经济的替代产品，一些大的知名汽车制造商如福特、尼桑、天纳克、菲斯克、特斯拉等在该项目的支持下纷纷建立新能源汽车的生产基地和研发中心，生产节能汽车，提高了国内新能源汽车的行业竞争力。

（二）德国

当欧盟在金融危机和债务危机中摇摇欲坠时，是德国勇担重任、分担债务，成为度过这次危机最艰难时刻的顶梁柱。德国之所以能扮演救世主的角色是因为其强大的工业基础和重视发展高新技术、新能源、低碳经济等新兴产业。新兴产业附加值高、爆发力强、潜力大，对经济社会长远发展具有十分重要的意义。

从 2000 年开始，德国实施了新一轮中小企业创新计划，通过一系列连续而可靠的政府扶植政策帮助中小企业创新。德国政府的创新资助从 2005年的 4.5 亿欧元增加到 2009 年的 6.1 亿欧元，而且还通过 "解除法" 为企业减负（见表5-2）。

表5-2　德国 "新高技术战略" 的内容及领域

优先发展任务	核心领域及重点
数字化经济及社会	数字化学习和数字化生活、"工业 4.0"、智能数据、数字化科研、云计算、智能服务、智能网络等
可持续发展及能源	未来城市、能源研究、可持续农业、生物经济、绿色经济、未来建筑和可持续消费
创新的工作天地	面向未来市场的创新服务和能力建设、数字化时代的工作
健康生活	抵御常见病、加强药品有效成分研究和医疗技术创新、疾病预防和营养、个体化医疗、健康护理领域创新

续表

优先发展任务	核心领域及重点
民生安全	网络安全、民生安全研究、信息技术安全和安全的身份
智能交通	车辆技术、创新的交通理念和交通网络、智能和高效的交通基础设施、电动汽车、航空和海运技术

资料来源：中国科协创新战略研究院的《创新研究报告》。

2006 年德国提出了"高技术战略"的科技战略，为了更好地适应经济社会的发展，德国又于 2010 年、2014 年两次对该战略进行了调整。2014 年的最新版本称为"新高技术战略"，提出了创新不仅是技术创新而且还包括社会创新，该版本聚焦全球性的挑战，建立了更多、更新的主题及资助模式，为德国经济和科研的发展提出了更加明确的方向。

"新高技术战略"除了六项优先发展任务外，还包括增强经济创新动力、加强国际化视角下的产学研、建立有利的创新机制、推动透明的社会各界参与创新对话等。

德国政府努力打造"创新友好型"环境，力图实现其"新高技术战略"的目标。为此德国政府采取了一系列的措施：简化申请程序方便中小企业申请资助；政府大力扶持中小企业的创新；政府组织开展尖端产业集群技术创新竞赛，并重点资助潜力大的产业集群；搭建"研究校园"的校企合作平台，通过项目的资助实现科技界与经济界的长久合作；设立专门的研究和创新委员会，政府组织委员会的专家对研究创新体系做出评估并提出建议；建立鼓励创新的知识产权保护政策和制度。

（三）法国

法国是世界第五大经济体、世界第二大农产品出口国，是工业发达国家。2000~2014 年，法国国家统计局的数据显示，法国制造业产值占 GDP 的比例从 2000 年的 22.9%下降到 2014 年的 11.2%，"去工业化"的趋势在欧盟中是最严重的。法国总统奥朗德于 2013 年 9 月宣布了 34 项工业振兴计划，这一揽子计划大力培育和发展新兴产业，抢占新型工业化的制高点，这一套计划蓝图又称为"工业化新法国"计划。法国政府预计调动

200 亿欧元用于该计划（见表 5-3）。

表 5-3　"工业化新法国"的优先开发项目

类别	项目内容
聚焦前沿技术	加强网络安全技术开发，提升法国保护网络主权的能力；加速研制机器人，保持超级计算机技术的领先地位；发展大数据、云计算等信息技术
环保和新能源	研发与电动汽车配套的充电桩以及使用时间较长的蓄电池，开发百公里油耗小于 2 升的节能汽车，发展绿色化学技术，研制能耗节省 20%~30% 的高速火车，等等
医疗和健康	推动法国农产品出口，开发新的农产品加工技术，建立数字医院，医生可通过网络向患者提供在线即时诊治，等等

资料来源：中国科协创新战略研究院的《创新研究报告》。

法国奥朗德政府在振兴工业计划中将政府的角色界定为三种：一是政府规划优先发展事项，由专业人士来确定具体事务；二是通过税收优惠政策、提高教育水平、鼓励科研机构开展科研等措施营造良好的经营环境；三是为企业提供便捷及时的金融支持。法国政府根据"工业化新法国"的所有项目成立了 6 个指导委员会，每个委员会负责审查 5~6 个项目计划。截至 2014 年 7 月，已有 34 个项目的实施路线图通过审查进入落实阶段，这标志着法国开始了其工业复兴的计划。

"2014 年法国财政预算法"重点加大了对工业相关领域的投入：一是加大对生态与能源转换产业的投入，并统一制定生态条件性标准，简化申报手续；二是加大对战略性产业的投入。2014~2024 年分阶段投入约 120 亿欧元，以补贴、贷款等形式用于工业振兴、大学研究、生态与能源转型、数字化经济、航空与航天、国防工业新技术、卫生、青年培训与国家现代化八个国家战略性产业。

（四）英国

2008 年的金融危机重创英国，英国政府面临着经济复苏和经济持续增长的重任。2008 年英国政府发布了《创新国家》白皮书，2011 年 12 月英国政府在继承政策框架和成功做法的基础上又出台了《创新与研究战略》，该战略从服务于经济增长的角度，提出在一些重点领域提升创新和研发的

能力、出台支持企业创新和研发的政策、培养和建设开放的创新生态系统
等目标。在这一目标的统领下英国政府出台了一系列的政策措施。

1. 巩固科研优势，释放研发成果的影响

金融危机后，英国政府在大幅削减财政预算的背景下，继续保持了 46
亿英镑的科学预算，同时通过改革公共研发经费支持研发成果所有权制
度、大学科研评估机制和建设大学创新与知识中心等一系列的举措，加大
对大学开展知识和技术转移活动的支持力度。

2. 促进产学研合作，推动研究成果的商业化

英格兰高等教育管理委员会设立高教创新基金，每年投入 1.6 亿英镑
支持大学成果的商业化。2012 年英国政府投资 3 亿英镑创建了研究伙伴投
资基金，旨在加强学术界和产业界的科研基础建设。英国创新署设立了英
国知识转移伙伴计划，促进企业和学术机构形成伙伴关系。通过区域创新
基金支持产业集群和大学科学园与孵化器的发展。

3. 提升企业创新能力，支持小企业创新活动

2011 年 4 月，英国政府对小企业的研发经费的税收减免幅度由过去的
150%提升到 200%，2012 年 4 月这一比例又提升到 225%。实施专利盒制
度，企业利用专利进行商业活动获得的收益纳税的税率由 24%调整到
10%。2007 年成立的创新署是专门的创新资助与协调机构，创新署 60%的
经费都用于支持小微企业的创新活动，2015~2016 财年英国政府又增拨了
1.85 亿英镑加大对创新署的资助力度。通过创业投资基金，资助小微企业
中的早期技术类企业的发展。

4. 为创新性中小企业提供金融支持，破解"死亡之谷"难题

将 25%的政府采购交给中小企业，通过竞争性的方式支持高技术中小
企业的早期创新。设立创新投资基金专门用于资助创新型中小企业和技术
型大企业联合进行创新活动。通过企业融资担保计划、商业天使联合投资
基金、种子企业投资计划及绿色投资银行为中小企业的融资提供帮助。

5. 大力支持技能培训，重视创新人才的培养

英国工程与自然学研究理事会通过博士培训资助计划为博士生提供资

助，加强早期创新人才的培养。制定"人才保留方案"，帮助工程技术人才找到合适的工作，促进高端人才的流动和就业。通过"中学大学伙伴关系计划"，建立高校、中学、继续教育学院结构和战略性机制，激励年轻人投身于科学研究，提升教育质量。自 2017 年起，英国将在 4 年内培育 8000 名计算机科学教师；未来 7 年，通过培训让 5000 名学生具备多样化的数字技术；支持新增 450 个与人工智能相关的博士点；加大包括人工智能人才在内的海外特殊人才引进力度，每增加 1000~2000 名人才引进。

第二节　发达经济体新兴产业发展的政策支持经验总结

世界各发达经济体在用产业政策促进本国新兴产业发展的过程中，非常注重产业政策工具的选择和搭配，针对不同新兴产业的政策需求的客观实际，依据产业政策功能的固有属性，以产业政策实现目标为"锚点"，因业择策充分释放政策支持机制的效能。这体现了产业政策工具与政策功能和政策需求相适应的基本准则，进而使政策支持机制中的激励约束作用、资源配置作用、信息传导作用在新兴产业发展的需求层面、供给层面、环境层面得到充分的发挥。

一、培育产品需求市场以帮助产业成长

发达经济体在发展本国或本地区的新兴产业时，都非常重视通过一系列创新政策刺激市场需求、鼓励市场创新。早在 2006 年，欧盟的《创造一个创新型欧洲》报告中就明确指出，要通过对新兴产业产品市场的刺激来促进新兴产业的发展。2011 年，经合组织（OECD）发布的《需求侧创新政策》明确了需求层面的创新政策，具体包括用户导向型计划、政府采购、消费政策、相应法规、产品标准及具有预见性的市场行动计划。到了 2012 年，在欧盟中已有超过 3/4 的成员国制定了立足本国新兴产业发展的

创新科技和产品的政策。

发达经济体用到的需求层面的政策工具主要有三种：商业化前的政府采购；政府首购；具有导向作用的对创新的政府采购。对于新兴产业产品的需求层面支持，各国各有侧重，欧盟集中于交通、健康、环境三个领域，美国则集中于计算机、半导体、航空航天、集成电路，加拿大政府则把关注的焦点放在新产品的商业化之前，目的是帮助以中小企业为主的创新主体顺利通过"死亡谷"。通过这一系列的政府主动作为，发挥启动新产品市场的作用。

需求层面对于鼓励创新政策的设计是以引导和培育新产品市场为核心的。在刺激市场终端消费者、鼓励消费者参与的持续性方面，可选择的手段是多种多样的，可以是类似于消费补贴、税收优惠这样的直接政策，也可以是规制、教育引导等间接政策。美国、日本政府就通过财政补贴和税收优惠鼓励消费者购买混合动力汽车，英国政府则通过对消费者的直接补贴鼓励市场中使用新能源和采用节能措施。欧盟通过推广"欧盟生物产品"生态标签，引导消费者购买此类产品。德国则双管齐下，既直接补贴绿色消费，又加强宣传环保，引导消费者养成绿色消费偏好。

二、保障要素多方位供给以促进产业发展

在供给层面，发达经济体主要是通过产业发展要素的重构和更新来鼓励创新，这类举措都是围绕资金、技术、人才展开的，目的在于提升新兴产业的劳动生产率，加速新兴产业的发展。

全方位构建产业资金保障体系，通过设置产业发展基金为新兴产业提供直接的动力支持。以美国的清洁技术资金为例，每一年美国政府都要拿出近百亿的资金来推进清洁技术产业化。另外，与我国促进军民融合异曲同工的是，美国政府每年都会在军事研究的资金中拿出一定的比例建立高新技术民用化基金，支持信息、生物等产业的技术市场化开发。在构建产业资金保障体系中，政府的信用担保和财政贴息贷款也是很重要的促进创新的金融手段。美国的"高科技车辆制造激励计划"价值250亿美元，通

过给先进汽车制造商的低息贷款，培养和提高美国汽车产业在新能源汽车领域的比较优势。欧盟为了鼓励"空中客车"新技术的研发和应用制定了"启动援助计划"，并在该计划中特别规定了，如果获得支持的项目商业化，政府的贷款就可以免于偿还。上文提到的欧盟的"地平线 2020"，总价值就达到了 770 亿欧元。

多措并举为新兴产业技术开发提供开放的平台和环境。欧盟一向重视关键技术的开发，2010 年成立的欧委会关键支撑技术小组就是专门负责涉及纳米技术、先进制造业、生物科技、新材料等行业和部门的政策的制定，并通过内部分工实现实施和监督的职能。政府一如既往的支持，是新兴产业在发达国家不断成长的重要原因。美国国家健康研究院在全球范围内为基础生物医学的相关研究提供多样化的资助，该做法体现了美国国家健康研究院一直以来秉承的"开放合作"的精神。欧盟也十分重视成员国间的合作创新，在欧盟内部大约有三成的创新政策是通用的。在实现重大科技创新领域中很大一部分呈现"跨界"和学科交叉的特点，因此在发达经济体中，支持跨界领域的发展成为了西方政府共同的特点。美国的技术创新计划 TIP，就把跨办公室工作、跨领域矩阵管理作为计划实施时的常态。

直接的鼓励研发，通过技术的突破开启产业发展是发达经济体普遍采用的产业支持路径。英国政府在 2011 ~ 2012 年对中小企业的税前扣除从175% 提高到200% 再到225%，为中小企业的技术研发提供了巨大的制度和环境支持，而且对于因亏损转让的中小企业，英国政府还规定转让者可获得11% 的转让亏损的现金返还。在美国，研发税收抵免政策永久化是被广大中小企业广为赞誉的税收优惠政策。

三、引导产业集群化的形成以建立产业生态

科技中小企业是新兴产业发展的重要生力军，在美国和欧洲近七成的科技创新都是中小企业来完成的。科技中小企业发展过程中最缺乏的是资金，各发达经济体纷纷建立了专项的资金支持体系，解决科技中小企业发

展的资金瓶颈。2012~2014年英国计划提供7500万英镑支持科技中小企业创新，其中30%的资金主要用于新产品概念创新、技术调试、产品验证。美国有专门的机构——中小企业局，专门为中小企业提供贷款和信用担保服务。只对科技创新提供支持还不够，要想把科技创新转化为产业发展优势，还需要宏观的政策设计和完善的总体规划及实施方案。发达经济体都在新兴产业的集群化方面下了很大的功夫。日本"知识集群计划"和"产业集群计划"的目的就是要打造以创新主体为核心的创新网络，并在此基础上形成创新网络生态，帮助新兴产业各主体建立集群，并促使集群内建立广泛的联系，实现集群化发展。英国在剑桥工业园及周边地区建立的光电子、生物技术、计算机产业云集的创新网络，是国际上政府政策扶持下高新技术产业集群的成功典范，在世界上享有很高的美誉度。

第三节　对我国培育和发展
战略性新兴产业的启示

通过比较、分析和总结，我们发现无论是发达经济体的新兴产业，还是我国提出的战略性新兴产业都离不开政府政策的支持。在培育新兴产业、促进新兴产业发展繁荣方面，发达经济体为我国进一步完善和优化战略性新兴产业政策提供了很好的借鉴。

一、打造产品的全价值链

在培养和发展战略性新兴产业的过程中，单纯强调供给侧或者需求侧的政策供给都是不科学的，必须构建供给侧政策和需求侧政策相辅相成的政策协调机制，才能有助于全价值链的形成，只有全价值链形成后战略性新兴产业才能得到充分的发展和繁荣。新产品、新技术、新观念的市场接受度是关系到新兴产业发展的核心问题，只有市场需求被激活了，供给侧的发力才会有大展拳脚的空间和平台，供给侧的科技创新、产品创新等创新活动可以继续为市场的活跃提供新的动力。政策的设计应以需求侧为起点，引导供给侧发生相应的变化，两者协调一致才能实现产业和产品的全价值链，这样的政策设计才是有效的。综观欧盟、美国等发达经济体，其对创新活动的扶持贯穿于创新价值链的所有环节。

二、提供充分的市场发展环境

政府对战略性新兴产业的支持并不意味着政府是要"包打天下"，即并不是什么都要负责和干预的，政府政策的支持是有边界的，政策支持机制作用的发挥也是有范围的。政府要关注的是重大的共性问题以及宏观的战略问题。对于基础研究、科学原理、共性关键技术，政府要加大投入，同时能引导市场力量发现并进入前瞻性领域。政府是市场的辅助，是战略性新兴产业起飞时的辅助，不是产业全生命周期的"家长"，引导市场力量进入战略性新兴产业是政府的职责，要有产业成熟后的政府退出机制，产业成熟后发展道路的选择和发展状态的转换是市场的选择，政府不仅干预不了而且也没有能力干预。当前不少地区的政府和部门越界过度干预微观企业的经营，而且在进行政策决策时缺乏客观科学的评价，使一些地区的战略性新兴产业发展出现了问题。

三、营造良好的产业生态环境

目前我国中小企业的发展环境并不理想，尤其是科技型和创新型的中小企业的产业生态环境还有很大的优化空间。科技型和创新型的中小企业面临很多的障碍，如法律体制不健全、政府干预多、管理层级和主体多、资金缺乏等，我国政府可以效仿发达经济体的做法，先从中小企业需要的金融支持体系的设计和完善开始做起，通过制度性、组织性的政策设计，为中小企业提供较为全面的"输血"服务。通过借鉴发达经济体增信担保体系的经验，建立适合我国科技型和创新型中小企业的增信机制，完善风险补偿机制和担保风险控制机制。对于市场自然形成的战略性新兴产业集中区域，效仿发达经济体的做法，为集中区域的微观个体提供创新的产业生态系统，促进其由地理上的集中转变为产业发展中的集聚。通过创新平台的营造，鼓励其依托高校、科研院所等高端科研机构及大型企事业单位，发展成为产业特色区，让其成为新兴产业的策源地。政府部门要及时把握产业发展的规律和情况，依据实际情况更新产业支持政策，同时为微观企业的信息联络、经验交流、需求表达建立开放的网络。

第四节　本章小结

国际上发达经济体在新一轮的"振兴本国经济、走出金融危机阴影"的一系列举措中，不约而同地选择了适合本国发展新兴产业作为突破口，美国提出了制造业国家创新网络建设计划，欧盟则提出了第八框架计划，欧盟中的科技强国也都有立足本国发展特点的战略，其中比较突出的是德国的新高技术战略，法国的工业化新法国，英国的创新与研究战略，同为亚洲国家的日本和韩国也提出了超智能社会和创意产业的发展计划。世界各发达经济体在用产业政策促进本国新兴产业发展的过程中，非常注重产业政策工具的选择和搭配，针对不同新兴产业政策需求的客观实际，依据产业政策功能的固有属性，以产业政策实现目标为"锚点"，因业择策充分释放政策支持机制的效能。这体现了产业政策工具与政策功能和政策需求相适应的基本准则，进而使政策支持机制中的激励催化作用、资源配置作用、信息传导作用在新兴产业发展的需求层面、供给层面、环境层面得到了充分的发挥。为我国进一步优化战略性新兴产业政策提供了可以借鉴的依据。

第六章

06

CHAPTER

促进战略性新兴产业发展的
政策支持机制作用发挥的
政策优化建议

通过对新兴产业发展政策机制的研究和探索，通过对我国战略性新兴产业发展中政策支持机制作用的考察，结合借鉴发达经济体对新兴产业的发展政策，提出今后我国促进战略性新兴产业发展的政策优化建议，以期让政策支持机制得到充分的释放。

第一节　战略性新兴产业发展
政策体系的优化思路

2016 年末，国务院发布了国发〔2016〕67 号《"十三五"国家战略性新兴产业发展规划》，提出在未来的五年里（2016~2020 年）我国要通过大力发展战略性新兴产业，培育经济增长新引擎和新动能，构建现代产业新体系的规划和纲要。在规划纲要中，以我国目前战略性新兴产业发展现状分析为基础，提出了未来 5 年我国大力发展战略性新兴产业的指导思想、主要原则及发展目标和总体的部署，提出了重点发展信息技术、高端装备和新材料、生物、新能源汽车、新能源、节能环保、数字创意等产业，进一步丰富和扩大了战略性新兴产业的内涵和范围，同时非常明确地提出了未来发展战略性新兴产业过程中提前布局、集聚发展、开放发展、完善体制机制和政策体系的宏观发展思路。通过这个规划，我们不难发现，我国政府在发展战略性新兴产业方面要下大决心花大力气，因为这是我国产业结构调整、经济增长转型中非常重要的内容。

2015 年，中央财经领导小组第十一次会议首次在我国宏观经济调控领域提出了供给侧结构性改革。促进经济增长的过程中，供给侧有四大要素，分别是资本、土地、劳动力、创新。我国提出供给侧结构改革的目的是调整经济结构，实现生产要素的最优配置，促进经济在数量和质量上的双增长。笔者赞成上海市科学学研究所顾问研究员胥和平的观点：供给侧改革与创新型经济是同一件事的不同侧面，供给侧改革问题，最终都要落在创新驱动发展、培育创新型经济上。

通过前文对现有促进战略性新兴产业发展政策的粗略盘点以及对其政策效应的宏微观分析，我们发现在现实和未来的伟大规划之间实际上存在不完全和谐的现象，在促进战略性新兴产业发展理念和政策层面中仍然存在不小的改进空间，下面笔者就从这个角度来谈谈自己的看法和思考。

战略性新兴产业政策要与政策工具所特有的功能和产业发展的客观需求相适应，要跳出传统产业政策思维的藩篱，通过反思重构制度和政策，为战略性新兴产业健康发展提供良好的环境。

一、产业结构政策要着眼于提升全球价值链地位

培育发展战略性新兴产业有利于优化产业结构，这表现在以下两方面：一是在现有的产业体系中增加了技术水平高、增长潜力大、生产效率高的新产业门类；二是战略性新兴产业通过对其他产业、其他部门的渗透和融合，使民经济中产业增长的可持续性和产业竞争力得到提升。由于战略性新兴产业有其特定的经济技术范式和特定的经济属性，它将使产业结构调整、产业结构合理化和产业结构高度化等概念的内涵更加丰富；相应地，培育和发展战略型新兴产业的结构政策的思路和构成要素也要进行适时调整。产业结构政策应由过去单纯强调调整结构向提升产业能力转变。

战略性新兴产业的培育和发展是伴随着技术不确定、市场不确定、投资不确定、回报不确定的演进过程，市场需求的变化也不是爆发性潮涌式的，战略性新兴产业的技术和设备还处在摸索阶段，因此产业政策必须为持续的技术学习和持续的资金投入创造条件，同时要以提高创新的可能性为驱动力。产业政策不仅要关注产业间的市场依赖和供需平衡，更要着眼于产业发展所蕴含的通用技术与其他产业的渗透融合，以及由此所引致的丰富的技术机会的涌现和生产方式的变革。

二、产业技术政策要着眼于协同创新网络形成

以往由于资源相对有限，我国的科学政策主要是向研究型大学和公共

科研机构集中，技术政策向技术基础好、具备国际竞争力的企业倾斜。伴随着创新组织的生态化、关键知识的分散化以及知识产权竞争的"丛林化"，这种不平衡的发展战略已经不能适应产业发展的科技需求了，产业技术政策的思路应当由培育科技精英向推动创新主体的合作转变。

亚当·斯密曾指出，"分工和专业化的发展是经济增长的源泉"。在当今的现代化生产中，产品生产链条上的分工越来越细，专业化也越来越强，尤其是具有较强技术创新特点的各战略性新兴产业，最终产品是由包含了众多工序和众多零配件的中间产品组成的。产业发展的最终裁判权来自产品是否被市场接受，消费者关注的是一个完整产品的有效创新，分工专业化的不断加强增强了企业合作创新的可能性，企业间技术和知识的传播、吸收、外溢变得非常重要，政府在制定合理的产业技术政策的时候，应以促进企业间的互动和协作以及促进知识和技术的流动和传播为最终目的，构建微观主体的合作创新机制。通过促进双赢局面的形成，提高创新的成功率和市场化率，提升分工企业的生产效率，最终达到提升整个产业创新效率的目的。

三、产业组织政策要着眼于培育产业生态

战略性新兴产业独特的技术特征，使其在产业竞争力形成方面大中企业不再是唯一的载体。以云计算为代表的信息技术以及数据挖掘技术的快速进步和服务模式的创新，使小企业、小微企业也具备了较强的数据存储和计算能力，以 3D 技术为代表的新兴制造技术也提高了分散化和小型化经营的经济性。与此同时，制造业服务与技术的融合使产业组织结构向网络化、平台化方向发展，对于产业竞争力的判断不再以核心资源位置作为标准，而是转变为整个系统的质量，因此以做大企业规模、提高市场集中度为主的产业组织政策应向培育产业生态环境转变。

培育和发展战略性新兴产业，建立创新驱动的产业新体系，要摆脱过去传统促进产业发展路径的依赖。要想实现产业结构的优化和产业发展动力的转换，必须创新产业组织模式，通过制定战略性规划、研究个性化政

策、突破专业化招商、建设市场型园区、搭建开放式平台、鼓励企业参与行业性协会、举办高层次展会、提供高效能的服务等一系列措施，营造一个有利于创新发展、有利于战略性新兴产业发展的产业生态环境。政府当前的主要职责是在准入、监管和标准体系方面建立一个有利于新产品、新技术、新业态发展的制度环境，推进企业突破核心技术、实现高质量的产业化。

四、产业布局政策要着眼于发挥比较优势和协作共赢

改革开放以来，我国传统的产业布局模式加速了我国产业布局的完备程度，但也造成了一系列的严重问题，如区域规划和产业政策间缺乏有效协调，各区域间的发展规划忽视了区域间的协同和融合，导致了重复建设；地区间产业结构趋同、低水平重复建设降低了资源配置效率，同时也造成了市场地区化的分裂局面，难以形成统一的市场体系等，由此产生了工业部门盈利能力下降、创新投资不足、创新能力严重缺乏、实体经济增长缺乏民间资本的积极参与等问题。

对于战略性新兴产业来说，其在产业结构转型和升级过程中扮演的是"尖兵"的角色，因此我们在利用政策促进战略性新兴产业发展的过程中就不能再走过去的老路了。在制定产业布局的政策时，要充分立足于区域间比较优势，发展适合的战略性新兴产业，加强各地区的经济技术开发区、高新区、经济园区等经济平台间的交流合作，使产业、技术、人才在政策的协调机制中得到有效的协调和整合；通过政策和资金投入，提高区域间和各区域内部的道路网络和信息网络一体化水平，加强区域间的通道建设，实现物流和信息的区域互通；合理利用产业转移，打造适合我国战略性新兴产业发展的产业链，通过良好的区域协作和合理的产业布局，实现产业发展和区域发展兼顾的良好局面。

第二节　需求面政策优化建议

一、加强专利保护措施完善专利政策

战略性新兴产业发展过程中最核心、最关键的就是专利保护和专利转让使用，要想让战略性新兴产业在我国的产业结构转型升级中能充分胜任和承担先锋的角色，就必须不断地加强专利管理的能力和水平。

在专利保护的事中和事后监管中，从内容和方式上多做政策创新的有益尝试。为专利保护公益服务提供更广阔的空间，借助社会机构不断提升专利保护的社会治理水平，建立授权、确权、维权的联动机制，提升行政效率和质量。严厉打击假冒侵权行为，进一步建立和完善行政与司法的衔接机制，加强部门间联合执法力度。建立快速协同的专利保护体系，建立行政执法和民事保护的互补机制，加强维权援助平台建设，提供更加全面的专利保护行政服务。

建立健全专利政策的结构意识，以促进科技创新和增加社会公共福利为目的，在不同类专利政策间合理地进行公共资源的配置。降低促进专利申请类政策的强度，减少以直接财政支出（现金返还、税收优惠、申请奖励等）为基础的专利申请资助政策，让专利申请的市场调节机制得到充分发挥；在充分保证以市场需要为导向的前提下，加强促进专利传播的政策，通过各级各类专利数据库和信息平台建设，在空间维度和时间维度上提升专利传播的质量和效率；加大对促进专利利用类政策的颁布和实施力度，通过专利转移奖励、专利转移税收优惠、专利质押融资利息补贴等政策，搭建各级各类专利利用和交流平台，鼓励专利利用，提供专利利用机会，建立培养和引导专利利用市场的长效支持机制。

二、建立实现客户需求价值的政策支持体系

战略性新兴产业的很多产品对于消费者来说是新鲜事物，市场和用户

对于新鲜事物的接受是需要一个过程的，政府可以通过合理的引导来加速这一过程，为战略性新兴产业的发展提供良好的市场前景。重大基础性的技术创新，政府应从产业协调开始选择引导方向，加速关联产业和配套产业的共同推进，如对新能源的推广可以从专属的能源网络配套方向进行扶持。培育战略性新兴产业产品的消费市场，需要建立符合市场规律的政府采购机制，通过政府的示范作用加快市场对新兴产品和新兴产业的认可度。

对于具有一定发展潜力的企业，探索实施"量身定做"的优先扶持政策。帮助企业实施产业链整合，帮助技术领先的企业在资源共享、合作开发、市场开拓等方面建立相互联系的利益同盟；不断完善配套产业链的各环节，通过产业关系契约形成产业协同发展的生态网络；能在短时期适合市场需求的新产品，要依靠产业网络的系统竞争力获得国际市场中主导竞争优势。政府引导建立健全创新资源的协调机制，提升具有领先优势的大企业的资源整合能力和资源创新能力。

着手构建产业联盟，提升信息资源、物质资源、关系资源、金融资源等的合理配置，形成横向企业竞合、纵向产业价值连接的关系。产业联盟以龙头企业为核心，通过将生产商、物流商、零售商、消费者、教育培训机构、中介组织、政府等行动主体组成网络，进行差异化的资源转换和交换，实现资源增值。鼓励培养产业内部合理的技术联合发展联盟、技术转让联盟，有序地构建自主的产业标准和体系结构，最终实现战略性新兴产业的技术与市场对接。

第三节　供给面政策优化建议

一、建立健全科学技术交流扩散系统

科学技术资源是一个国家科技进步、科技创新的物质基础，营造有利于科技创新产生的环境，建立鼓励科技创新的激励体系，打造有利于科技创新转化和交易平台，是政府在建设有利于科学技术交流扩散系统中的主要职责和任务。

进一步细化并完善鼓励产学研科技创新的法律法规体系，通过实施细则的颁布增强产学研合作的刚性约束，增强对科技创新主体利益的维护，建立促进产学研合作的机制和制度体系，通过产学研结果评价体系、信息沟通机制、人才流动机制、合作方互动机制等的构建，提升我国科技交流的积极性和主动性。

科技服务是科技创新体系的重要组成部分，政府通过引导和规范促进科技服务机构的市场化和公司化运作。在不断完善的政策和不断健全的法规环境中，通过搭建公共信息平台，促进行业协会的发展，在此基础上以发展联盟的方式对科技中介服务机构进行管理。建立和实施一批科技服务行业的准入制度，加强行业自律，一方面对科技服务机构的资质认证、违法违规处罚、纠纷处理等进行管理；另一方面通过规范其内部运行机制，提升科技服务体系的信誉度和服务质量。

科技型中小企业是科技创新的重要力量，其研究创新成果往往是科技创新产业链中不可或缺的重要组成部分，重大的技术突破和技术创新也往往是众多小规模技术创新和技术改造升级的聚合体，因此，构建针对科技型中小企业的公共服务平台就显得十分重要。通过建立以技术转移机构为基础的网络信息共享机制，开发专门针对中小企业技术创新的数据库；整合现有政府资源和科技服务机构，建立专门针对中小企业开放的信息网络中心，为其提供技术供需信息发布、供需方在线对接检索与匹配、供需技术辅助翻译等服务。

二、建立协助企业拓宽资本融通渠道

实现新技术和新产品的市场价值需要注入大量的资金，无论是大型企业还是中小企业，在技术研发和产品市场开拓中都面临着不同的资金瓶颈。资本的逐利性与科技创新的高风险性和不确定性之间的矛盾，单靠市场的力量是无法解决的，需要政府的政策支持和引导。

政府的相关部门要针对不同的战略性新兴产业及各产业内细分产业的差异和特点，研究和推出适合产业发展的金融支持方式，同时要改变我国大型商业银行主导的金融结构，消除融资歧视，推进金融体系的多层次建设，使其与产业主体相适应。通过完善金融契约的法律法规，建设一个讲诚信、重诚信的金融契约订立和交易市场，为提升战略性新兴产业资本配置效率提供保障。

探索建立金融主体多元化的国家金融治理结构。消除传统金融管理中政府主导的行政傲慢，转变金融管理的政府本位，强调"以他人为中心"的"他在性"，让金融管理能够依据市场的客观变化，在以促进新兴产业、科技产业发展为核心的金融创新中获得经济价值和社会价值，真正服务于实体经济。

政府要通过多角度多层次地引导资本市场，拓宽战略性新兴产业市场融资渠道。加大对金融机构政策性优惠的力度，推进产业链融资、知识产权质押融资等金融产品的创新，并引导金融机构建立专门针对战略性新兴产业的信贷管理制度、激励考核机制，对战略性新兴产业进行差别化监管；通过制度化的优惠设计鼓励私募基金、天使资金投向新兴产业；进一步完善创业板资本市场，降低科技创新企业入市门槛，推动符合条件的科技企业通过上市提升资本融通能力。探索中小企业集合发行债券的制度，同时建立合理的财政风险补偿机制和金融机构的协调机制，为中小企业的科技创新提供更多的资金援助。

三、建立开放的创新人才培养模式

战略性新兴产业在发展过程中最突出的表现就是各种各样不同层次的创新活动，而创新活动的主体就是各级各类的人才，包括科技研发人才和科技管理人才。我国想要发展战略性新兴产业，就必须在人才培养模式和人才涌现机制上做出改变，使其符合经济发展的客观要求。

调整目前高校的专业设置，淘汰那些已经与我国经济发展脱节的专业，切实做到专业设置和人才培养符合经济社会发展的客观需求；进一步给高校松绑，努力去除高校的行政化，教育管理部门要转变管理观念，给予高校在招生、就业、课程设置上更大的自主性，确立用服务与引导代替行政命令和规划的管理模式；构建科学、合理的高校分级引导系统，重点建设一批国际领先的专业和学校来培养高端人才，同时也要重点建设一批能适合各地区经济发展需要的地方人才培养机构，使不同层次的高校都能有明确的人才培养目标，都能各得其所选择适合自己的人才培养之路；鼓励高校与企业建立协作式的人才培养模式，通过多样化的师资结构和课堂加实践的模式，提升人才培养的质量，改变过去"学院化"的培养模式，引导学生在问题学习、研究学习中提升能力，实现"社会化"培养模式的转变。

改进创新型科技人才、战略性科学家的支持方式，去除阻碍高端人才成长和涌现的制度障碍。政府的相关机构要逐步退出科研评审，改革人才评价机制，以科学研究和专业领域为依据，建立科学共同体和专业共同体，使其能按照科学研究的客观规律实现自主管理和自我管理。建立以科研成果质量为核心的考察机制，给予持续进行高质量研究的人才持续的支持。政府进一步简政放权，去除科研机构和高校的官僚化，建立现代科研院所管理体系和现代大学制度，营造一个能让各级各类科研人员安心研究的公平、公正的学术研究环境。

第四节　环境面政策优化建议

一、建立产业发展信息收集和反馈机制

准确及时地掌握和分析信息是我们制定符合市场真实情况和需求的政策的起点。我国经济目前处于新常态，处于产业结构优化、动能转化的新

时期，战略性新兴产业发展过程中所呈现出的新业态、商业新模式以及新产业，是当前我国经济发展过程中所呈现出的新现象，传统的统计模式和方法已经不能适应经济社会的发展需求，也不能全面客观反映经济工作的全局，亟待改变。

建立科学、客观、全面的统计工作体系，加强对基础数据的采集和分析工作，保证数据在时间上和空间上的一致性，改变过去"唯GDP""唯数据"的政绩观，设置数据造假的"高压红线"来保证数据的真实。建立健全统计法规完善和落实机制，创新经济统计工作中的新模式和新方法，提高基层统计人员的待遇，鼓励他们深入微观企业进行跟踪调研，实地调查微观企业经营情况，弄清楚企业的生产经营活动，了解行业的发展变化。利用大数据等工具建立科学合理的统计数据评估体系，完善统计系统的分析研究能力和预测预判能力。提高各级各地统计信息收集和披露的时效性，为其他研究部门和研究机构提供翔实而准确的统计数据。

依据《"十三五"国家战略性新兴产业发展规划》编制或发布翔实的产业统计数据及年报，为国家相关的政策制定部门和微观企业了解产业发展的动态和宏观趋向提供参考，专属性的数据指标要详细而具体，并形成一个较为准确、全面的体系。这样有利于相关机构和研究者根据具体的产业发展信息展开研究，为产业的发展献计献策。

二、建立科学的产业结构优化升级总方略

我国经济发展不均衡，东西部地区由于历史和地理的原因存在较大的差异，这是当前我国国民经济的大背景，是我们在探讨战略性新兴产业发展过程中不能忽略的。战略性新兴产业的提出及规划是为了转变我国经济增长方式，促进产业结构优化升级，同时战略性新兴产业在发展的过程中与传统产业是存在产业衔接关系的，因而需要把传统产业改造升级、产业转移和承接与培育和促进战略性新兴产业的发展结合起来。

大力发展战略性新兴产业，是产业结构转型升级的客观要求，但并不能一味求新、盲目跟风、一哄而上、盲目攀比，我们需要冷静地根据客观

实际谋篇布局。高端装备制造业、新能源汽车产业、生物医药产业等很多战略性新兴产业都以传统产业为基础的，传统产业为战略性新兴产业提供原料、资金、人才、生产经验等众多的生产要素，传统产业是战略性新兴产业发展壮大过程中以及产业链中不可或缺的重要组成部分，所以要加快传统产业的转型升级，使其向产业微笑曲线的两端延伸，促进研发、设计、营销等环节质量的提升。

对于人才市场、资本市场相对成熟的东部地区来说，发展战略性新兴产业的条件较为突出，西部地区则有较为明显的资源优势和空间优势。西部地区可以通过产业转移的方式承接东部地区的传统产业，并聚焦长期的集群战略方向，形成具有规模经济和专业化的产业集群，与东部地区联动形成区域产业转移合作平台，选择合适的切入点培育适合西部地区发展的新兴产业，双管齐下，与东部地区共同打造"中国智造"的优秀品牌。产业政策的重心是突破行政区划限制、打破行政垄断、消除市场壁垒，探索战略性新兴产业和传统产业互利双赢的合作模式和高效的管理体制。

三、加快科学民主专业化智库建设

党的十八届三中全会首次在中共中央的文件中提出"智库"概念，中共中央深化改革领导小组进一步提出要建设有中国特色的新型智库，并明确将智库作为现代国家治理体系中的重要组成部分。

战略性新兴产业的健康发展以及产业政策合理、有序、规范的运用也需要智库的积极参与。在我国制定众多促进战略性新兴产业发展的政策时，由于缺乏专业化的思维，社会调查能力不足，行政化色彩较浓，政策制定后往往会出现与实际相脱节的现象；同时微观企业更加关注经济利益，对于宏观的关系全局结构性的政策不理解，最终导致相关政策的执行不利。专业化智库的建立可以很好地解决这一矛盾。在遵循微观个体客观市场化和政策良好初衷的条件下，智库可以提升政策在制定和执行环节的有效性。

智库的功能就是"资政"与"启民"。专业化智库参与政策的制定和实施，通过专业化的视角和全面科学的社会调查和探讨，凭借在特定领域形成的研究能力，为政策的制定与出台提供强大的社会科学支持；政策出台后，智库通过与企业互动，利用政策解读、决策咨询、政策评估等方式，广泛向社会传播政策的实质和动机，增强社会主体对政策的理解和接受。因此，积极研究和建设有中国特色的新型智库，将会提升我国促进战略性新兴产业发展的产业政策的有效性。

政府要在法律法规、管理方式、资金投入等方面做大量的尝试，力争尽快破解智库建设的难点（智库与智库载体职能区分、智库结构和功能定位、智库的研究方法和人才结构等）问题，并通过实践取得实质性的进展，早日发挥智库研究的超前性、系统性、专业性、示范性、操作性、时效性等优势，促进我国产业决策的科学性。

第五节　本章小结

本章在前文理论框架和实证分析基础上，依据战略性新兴产业发展的政策支持机制，基于政策工具与政策功能和政策需求相适应的原则，提出了优化我国战略性新兴产业政策的思路：产业结构政策要着眼于提升全球价值链地位；产业技术政策要着眼于协同创新网络形成；产业组织政策要着眼于培育产业生态；产业布局政策要着眼于发挥比较优势和协作共赢。在此基础上，从需求层面产业工具、供给层面产业工具、环境层面产业工具三个角度提出了八条具体的产业政策优化建议，以期通过对政策的调整消除制约政策支持机制的阻碍因素，使我国战略性新兴产业发展过程中政策支持机制的激励催化作用、资源配置作用、信息传导作用得到充分发挥和释放，促进我国战略性新兴产业的发展和繁荣。

第七章

07
CHAPTER

总结与研究展望

第一节　全书总结

促进创新型经济发展是我国当前经济结构调整中的重要内容。本书在分析已有研究成果的基础上，构建了新兴产业发展需要政策介入的理论框架，并通过对战略性新兴产业的宏观分析证明了现有政策是有效的，但同时也发现了效用是非常有限的。在进一步的研究中，本书选择了生物医药产业和新能源汽车产业的上市公司作为考察对象，就其发展中财税政策的作用进行了微观分析，发现政策效果因产业的异质性而呈现异质性，从而找到了导致现有政策有效性不足的原因。据此本书提出，产业政策的介入要关注产业的异质性，并进一步从产业结构政策、产业技术政策、产业组织政策、产业区域政策四方面提出了促进新兴产业发展政策优化的建议。全书研究的主要结论可以概括为：

第一，新兴产业在发展的过程中是离不开政策支持的，尤其是肩负调整产业结构、培育新经济增长点使命的战略性新兴产业，其发展更是离不开政策的扶持。政策的支持能加速技术创新的产业化进程；新兴产业对发展和繁荣的机会窗口的把握需要政策的支持；新兴产业的成熟与技术的溢出以及产业链的延伸需要政策的扶持；新兴产业的产业生态系统离不开政策体系的支持。

第二，新兴产业发展的政策支持机制由激励催化作用、资源配置作用、信息传导作用组成，激励催化作用、资源配置作用、信息传导作用的合力实现了政策支持新兴产业作用的发挥。

第三，战略性新兴产业发展的政策支持机制运行包括政策颁布、政策执行、反馈修正、目标达成四个阶段，其中反馈修正是该机制的核心阶段和核心内容。在对产业政策效应进行评价时需要遵循以下几个标准：整体系统的宏观经济影响评价；单项具体的微观经济影响评价；以经济效益为核心的导向性评价。相应地，产业政策效应评价的方法有产业发展状态描述的方法、政策效应宏观有效性的评价方法和政策效应微观异质性的评价方法。

第四，自我国政府提出"战略性新兴产业"这个概念以来，在战略性新兴产业的发展过程中，各级政府出台了大量的政策，这些政策对促进产业的发展起到了一定的正向促进作用，新兴产业发展的政策支持机制在我国已初步建成，但由于还存在着产业结构功能定位不准、产业政策针对性不强、产业政策内容缺失、产业政策执行失控等制约因素，我国政策支持机制的发挥受到了限制和阻碍。

第五，在优化产业政策的过程中，应遵循以下四个标准：一是产业结构政策要着眼于提升全球价值链的地位；二是产业技术政策着眼于协同创新网络的形成；三是产业组织政策要着眼于培育产业生态；四是产业布局政策要着眼于发挥比较优势和协作共赢。通过一系列政策的设计和优化，实现我国战略性新兴产业的繁荣和发展。

第二节　创新点

在我国"去产能、调结构"的经济发展总方略中，创新型经济的发展已经成为我国当前经济结构调整中的重要内容，创新驱动已成为我国的国家战略，战略性新兴产业是这场重大经济变革中的先锋力量。本书在国内众多学者的研究基础上，结合国外对新兴产业的研究，对战略性新兴产业政策进行了研究，主要的创新点有：

第一，构建了产业政策工具与产业政策功能和产业发展政策需求相适应的政策支持机制分析框架，揭示了产业政策工具与产业政策功能和产业发展政策需求相适应的产业发展政策支持机制。产业的政策需求、产业政策的功能、产业政策工具三者构成了三位一体的动力源，通过激励催化作用、资源配置作用、信息传导作用驱动政策支持机制的运行。

第二，提出了新兴产业发展的政策支持机制运行的原理，即政策颁布、政策实施、反馈修正、目标达成，并找到了制约机制作用发挥的阻碍因素的分析方法，进一步完善了政策支持新兴产业发展机制的理论结构。

第三，建立了与政策支持机制相适应的产业政策效应评价方法，即通过将政策性因素纳入产业发展的评价体系，宏观考察行业发展与政策间的数量关系；通过将政策带来的经济效果纳入企业发展的评价体系，微观考察具体政策工具与企业发展间的数量关系。

第四，在借鉴发达经济体发展新兴产业政策的基础上建立了产业经济理论、市场客观规律、政策协同的三维政策优化思路，为开展后续研究提供了可借鉴的方法和思路。

第三节　研究展望

战略性新兴产业是一个非常宏观的概念，并且其内涵和外延都处在一个不断发展和扩大的动态变化中，在获取相关信息的过程中存在滞后性和不全面性，使研究的过程中难免留下许多的遗憾和不足，这同时也为今后的研究指明的方向和范围，具体有以下几个方面：

第一，对产业政策效应的研究应该具体问题具体分析，产业的异质性导致对战略性新兴产业政策效应的研究应该更具体化和详细化，只有对每一个细分产业领域都进行具体研究才能真正揭示事物的本质，这样研究结果也才更有理论和现实的指导意义。

第二，对产业政策的效应评价需要构建一个科学的评价体系，在该体系中应包括不同层次的政策类别，设计合理的政策评价指标体系是今后政策评价研究中的中心和重点。在设计指标体系的过程中应建立能动的调整机制以适应被评价客体的异质性，主体和客体的协调反应机制是评价体系的核心，是在今后的研究中重点思考和探索的难点。

第三，产业政策的范围很广，政策本身的异质性要求我们在政策效应评价过程中选择和设计合适的方法。只有使用科学合理的方法才能得出科学反映客观的结论，错误或不全面的方法会导致结论的狭隘甚至会使研究误入歧途，因此，在对不同的政策进行政策效应评价时，方法选择过程中的内涵和范围以及技术手段的配合和应用是今后研究中的难点。

参考文献

［1］本·斯泰尔，戴维·维克托，理查德·内尔森．技术创新与经济绩效［M］．上海：上海人民出版社，2006．

［2］步丹璐，屠长文，罗宏．产业政策能否缓解市场分割——基于企业异地股权投资视角的实证研究［J］．产业经济研究，2017（6）：75-88．

［3］程新章，吴勇刚．中国发展战略性新兴产业的政策选择——主流经济学和演化经济学的比较分析［J］．江苏社会科学，2011（1）：90-100．

［4］曹辉．中国战略性新兴产业集聚发展的特征与趋势分析［J］．学术交流，2014（5）：84-88．

［5］曹虹剑，张建英，刘丹．模块化分工、协同与技术创新——基于战略性新兴产业的研究［J］．中国软科学，2015（7）：100-110．

［6］程时雄，柳剑平．中国工业行业 R&D 投入的产出效率与影响因素［J］．数量经济技术经济研究，2014（2）：36-51．

［7］陈瑜，谢富纪．战略性新兴产业空间形态创新的前沿探析与未来展望［J］．科技管理研究，2015，35（1）：101-106．

［8］陈光，王继源．我国创新政策转型研究［J］．科技管理研究，2016，36（7）：1-4．

［9］陈翌，孔德洋．德国新能源汽车产业政策及其启示［J］．德国研究，2014（1）：71-81．

［10］陈衍泰，张露嘉，汪沁等．基于二阶段的新能源汽车产业支持政策评价［J］．科研管理，2013（s1）：167-174．

［11］陈进，刘曦子．开发性金融支持战略性新兴产业发展及国际化研究［J］．现代管理科学，2016（12）：15-17．

［12］大卫・C. 莫厄里，理查德・R. 纳尔逊，莫厄里，等．领先之源：七个行业的分析［M］．北京：人民邮电出版社，2003.

［13］杜传忠，曹艳乔．金融资本与新兴产业发展［J］．南开大学学报（哲学社会科学版），2017（1）：118-132.

［14］董明放，韩先锋．研发投入影响了战略性新兴产业技术效率吗？［J］．科学学与科学技术管理，2016，37（1）：95-107.

［15］范拓源．战略性新兴产业发展规划与管理［M］．北京：化学工业出版社，2011.

［16］范晓莉，黄凌翔，卢静，等．战略性新兴产业集聚发展及影响因素分析［J］．统计与决策，2017（14）：139-143.

［17］傅利平，李小静．政府补贴在企业创新过程的信号传递效应分析——基于战略性新兴产业上市公司面板数据［J］．系统工程，2014（11）：50-58.

［18］菲利普・科特勒．营销管理（第11版）［M］．上海：上海人民出版社，2003.

［19］范允奇，李晓钟．政府R&D投入、空间外溢与我国高技术产业技术创新效率［J］．工业技术经济，2014（5）：101-107.

［20］方荣贵，银路，王敏．新兴技术向战略性新兴产业演化中政府政策分析［J］．技术经济，2010，29（12）：1-6.

［21］辜胜阻，李正友．创新与高技术产业化［M］．武汉：武汉大学出版社，2001.

［22］郭旭红，李玄煜．新常态下我国战略性新兴产业竞争力的经济学分析——以波特"钻石模型"为视角［J］．湖北社会科学，2016（12）：84-89.

［23］高艳慧，万迪昉，蔡地．政府研发补贴具有信号传递作用吗？——基于我国高技术产业面板数据的分析［J］．科学学与科学技术管理，2012，33（1）：5-11.

［24］高瑞东，樊俊．中美支持创新型产业政策比较［J］．中国金融，2017（24）：61-62.

［25］国家信息中心战略性新兴产业研究组 . 战略性新兴产业上市公司融资难依然突出［J］. 中国战略新兴产业，2015（2）：68-70.

［26］贺正楚，张训，周震虹 . 战略性新兴产业的选择与评价及实证分析［J］. 科学学与科学技术管理，2010，31（12）：62-67.

［27］贺正楚，吴艳 . 战略性新兴产业的评价与选择［J］. 科学学研究，2011，29（5）：678-683.

［28］黄先海，宋学印，诸竹君 . 中国产业政策的最优实施空间界定——补贴效应、竞争兼容与过剩破解［J］. 中国工业经济，2015（4）：57-69.

［29］黄鲁成，王亢抗，吴菲菲，等 . 战略性新兴产业技术特性评价指标与标准［J］. 科学学与科学技术管理，2012，33（7）：103-108.

［30］黄海霞，张治河 . 中国战略性新兴产业的技术创新效率——基于 DEA-Malmquist 指数模型［J］. 技术经济，2015，34（1）：21-27.

［31］黄永春，李倩 . 新兴大国扶持企业进入战略性新兴产业赶超的政策演化［J］. 中国科技论坛，2016（2）：21-27.

［32］黄永春，祝吕静，沈春苗 . 新兴大国扶持企业实现赶超的政策工具运用——基于战略性新兴产业的动态演化博弈视角［J］. 南京社会科学，2015（6）：23-30.

［33］胡斌，汪泓 . 战略性新兴产业发展的需求创新政策框架体系设计［J］. 工业技术经济，2014（5）：117-123.

［34］胡剑波，倪瑛，魏涛，等 . 促进我国战略性新兴产业发展的财税政策研究［J］. 工业技术经济，2013（2）：96-103.

［35］胡振华，黎春秋，熊勇清 . 基于"AHP-IE-PCA"组合赋权法的战略性新兴产业选择模型研究［J］. 科学学与科学技术管理，2011，32（7）：104-110.

［36］洪莹，唐守廉，李政 . 新兴产业发展的内生规律及其扶持政策［J］. 学习与实践，2014（12）：66.

［37］洪京一 . 战略性新兴产业发展报告（2015—2016）［M］. 北京：社会科学文献出版社，2016.

［38］江海潮 . 产业政策激励、产业剩余分配与产业政策效应［J］. 产

业经济评论，2007，6（2）：105-123.

［39］剧锦文．战略性新兴产业的发展"变量"：政府与市场分工［J］．改革，2011（3）：31-37.

［40］克利斯·弗里曼，罗克·苏特．工业创新经济学［M］．北京：北京大学出版社，2004.

［41］康健．资源获取视角下战略性新兴产业创新能力提升［J］．科研管理，2017（s1）：39-45.

［42］吕晓军．政府补贴与企业技术创新产出——来自2009—2013年战略性新兴产业上市公司的证据［J］．中国科技论坛，2016（12）：60-66.

［43］逯东，朱丽．市场化程度、战略性新兴产业政策与企业创新［J］．产业经济研究，2018（2）．

［44］李良成．政策工具维度的创新驱动发展战略政策分析框架研究［J］．科技进步与对策，2016，33（11）：95-102.

［45］李苏秀，刘颖琦，王静宇，等．基于市场表现的中国新能源汽车产业发展政策剖析［J］．中国人口·资源与环境，2016，26（9）：158-166.

［46］姜黎辉，张朋柱，龚毅．不连续技术机会窗口的进入时机抉择［J］．科研管理，2009，30（2）：131-138.

［47］李胜会，刘金英．中国战略性新兴产业政策分析与绩效评价——"非政策失败理论"及实证研究［J］．宏观经济研究，2015（10）：3-13.

［48］李金华．中国战略性新兴产业发展的若干思辨［J］．财经问题研究，2011（5）：3-10.

［49］李奎，陈丽佳．基于创新双螺旋模型的战略性新兴产业促进政策体系研究［J］．中国软科学，2012（12）：179-186.

［50］李培楠，赵兰香，万劲波．创新要素对产业创新绩效的影响［J］．科学学研究，2014，32（1）．

［51］李朴民．如何培育战略性新兴产业［J］．中国高新技术企业，2010（6）：12-12.

［52］李晓华，吕铁．战略性新兴产业的特征与政策导向研究［J］．宏观经济研究，2010（9）：20-26.

［53］李煜华，王月明，胡瑶瑛．基于结构方程模型的战略性新兴产业技术创新影响因素分析［J］．科研管理，2015，36（8）：10-17.

［54］李萌，杨扬．经济新常态下战略性新兴产业金融支持效率评价及影响因素研究［J］．经济体制改革，2017（1）：129-135.

［55］林平凡，刘城．广东战略性新兴产业的成长条件和培育对策［J］．科技管理研究，2010，30（20）：67-70.

［56］刘岸．战略性新兴产业的人才支撑：他们引智的同与不同［J］．中国战略新兴产业，2015（1）：72-73.

［57］刘洪昌．中国战略性新兴产业的选择原则及培育政策取向研究［J］．科学学与科学技术管理，2011，32（3）：87-92.

［58］刘继兵，王琪，马环宇．制度环境对战略性新兴产业创新能力的影响［J］．科技进步与对策，2015，32（23）：54-61.

［59］刘建民，胡小梅，王蓓．空间效应与战略性新兴产业发展的财税政策运用——基于省1997～2010年高技术产业数据［J］．财政研究，2013（1）：62-66.

［60］陆国庆，王舟，张春宇．中国战略性新兴产业政府创新补贴的绩效研究［J］．经济研究，2014（7）：44-55.

［61］柳光强．税收优惠、财政补贴政策的激励效应分析——基于信息不对称理论视角的实证研究［J］．管理世界，2016（10）：62-71.

［62］吕洪渠，任燕燕．产业集聚、制度环境与中国战略性新兴产业的效率特征［J］．山东大学学报（哲学社会科学版），2018（2）：101-110.

［63］马军伟．我国七大战略性新兴产业的金融支持效率差异及其影响因素研究——基于上市公司的经验证据［J］．经济体制改革，2013（3）：133-137.

［64］迈克尔·波特．竞争战略——分析产业和竞争者的技巧［M］．北京：华夏出版社，1997.

［65］毛茜敏．战略导向、组织学习与绩效间关系的实证研究［D］．浙江大学硕士学位论文，2010.

［66］纳谢德·福布斯，戴维·韦尔德．从追随者到领先者：管理新

兴工业化经济的技术与创新［M］. 北京：高等教育出版社，2005.

　　［67］平力群. 日本农业政策的转向：从社会政策到产业政策［J］. 现代日本经济，2018（2）：1-12.

　　［68］齐峰，项本武. 中国战略性新兴产业经济绩效实证检验［J］. 统计与决策，2015（14）：110-114.

　　［69］乔芳丽，杨军，侯强，等. 辽宁战略性新兴产业选择评价研究［J］. 沈阳工业大学学报（社会科学版），2010，3（3）：268-273.

　　［70］乔晓楠，李宏生. 中国战略性新兴产业的成长机制研究——基于污水处理产业的经验［J］. 经济社会体制比较，2011（2）：69-77.

　　［71］曲顺兰，路春城. 自主创新与财税政策效应［J］. 税务研究，2007（1）：17-20.

　　［72］任优生，邱晓东. 政府补贴和企业R&D投入会促进战略性新兴产业生产率提升吗［J］. 山西财经大学学报，2017，39（1）：55-69.

　　［73］任保全，刘志彪，任优生. 战略性新兴产业技术创新的驱动力：出口还是本土市场需求［J］. 财经科学，2016（12）：77-89.

　　［74］任保全，王亮亮. 战略性新兴产业高端化了吗［J］. 数量经济技术经济研究，2014（3）：38-55.

　　［75］任保全，王亮亮. 战略性新兴产业存在规模效应吗——基于产业分类、政策和产权层面的分析［J］. 产业经济研究，2014（3）：42-50.

　　［76］生延超. 创新投入补贴还是创新产品补贴：技术联盟的政府策略选择［J］. 中国管理科学，2008，16（6）：184-192.

　　［77］舒海兵，叶五一，李熠熠，缪柏其. 非实验数据政策效应评估理论与实证研究方法［J］. 中国管理科学，2007（12）：140-148.

　　［78］舒锐. 产业政策一定有效吗？——基于工业数据的实证分析［J］. 产业经济研究，2013（3）：45-54.

　　［79］石璋铭，谢存旭. 银行竞争、融资约束与战略性新兴产业技术创新［J］. 宏观经济研究，2015（8）：117-126.

　　［80］孙丽艳，苗成林，杨力. 技术创新对战略性新兴产业可持续发展的驱动效应——基于非参数随机前沿分析方法的实证研究［J］. 北京理

工大学学报（社会科学版），2017（5）：53-60.

[81] 孙国民. 新兴产业衍生：基于整合视角的模型框架分析 [J]. 科学学研究，2017，35（3）：338-345.

[82] 史俊，田志龙，谢青. 政府如何制定战略性新兴产业政策——以物联网产业为例 [J]. 中国科技论坛，2015（1）：11-16.

[83] 宋河发，张思重. 自主创新政府采购政策系统构建与发展研究 [J]. 科学学研究，2014，32（11）：1639-1645.

[84] 宋凌云，王贤彬. 政府补贴与产业结构变动 [J]. 中国工业经济，2013（4）：94-106.

[85] 孙怡. 战略性新兴产业人才培养特点研究 [J]. 人才资源开发，2015（18）：19-20.

[86] 田志龙，史俊，田博文，等. 新兴产业政策决策过程中的不确定性管理研究——基于物联网产业的宏观政策决策过程的案例 [J]. 管理学报，2015，12（2）：187-197.

[87] 王宏起，田莉，武建龙. 战略性新兴产业突破性技术创新路径研究 [J]. 工业技术经济，2014（2）：87-94.

[88] 王丽萍. 战略性新兴产业发展过程中政府政策分析——价值网络的方法 [J]. 中国国情国力，2012（4）：51-54.

[89] 王新新. 战略性新兴产业的培育与发展策略选择 [J]. 前沿，2011（7）：20-23.

[90] 王利政. 我国战略性新兴产业发展模式分析 [J]. 中国科技论坛，2011（1）：12-15.

[91] 王钦，邓洲，张晶. "十三五"战略性新兴产业发展的政策选择——能力导向与机制创新 [J]. 北京师范大学学报（社会科学版），2017（2）：140-148.

[92] 王娟. 产业集群创新能力灰关联熵评价 [J]. 统计与决策，2017（5）：75-77.

[93] 汪秋明，韩庆潇，杨晨. 战略性新兴产业中的政府补贴与企业行为——基于政府规制下的动态博弈分析视角 [J]. 财经研究，2014，40

（7）：43-53.

[94] 巫强，刘蓓．政府研发补贴方式对战略性新兴产业创新的影响机制研究 [J]．产业经济研究，2014（6）：41-49.

[95] 吴晓波，陈小玲，李璟琰．战略导向、创新模式对企业绩效的影响机制研究 [J]．科学学研究，2015，33（1）：118-127.

[96] 武咸云，陈艳，杨卫华．战略性新兴产业的政府补贴与企业R&D投入 [J]．科研管理，2016，37（5）：19-23.

[97] 魏洁云，贾军．战略性新兴产业新路径创造演化机理研究 [J]．技术经济与管理研究，2017（6）：101-105.

[98] 吴敬琏．产业政策面临的问题：不是存废，而是转型 [J]．兰州大学学报（社会科学版），2017（6）：1-9.

[99] 解维敏，唐清泉，陆姗姗．政府R&D资助，企业R&D支出与自主创新——来自中国上市公司的经验证据 [J]．金融研究，2009（6）：86-99.

[100] 熊勇清，李世才．战略性新兴产业与传统产业耦合发展的过程及作用机制探讨 [J]．科学学与科学技术管理，2010，31（11）：84-87.

[101] 熊勇清，李鑫，黄健柏，等．战略性新兴产业市场需求的培育方向：国际市场抑或国内市场——基于"现实环境"与"实际贡献"双视角分析 [J]．中国软科学，2015（5）：129-138.

[102] 岳中刚．战略性新兴产业技术链与产业链协同发展研究 [J]．科学学与科学技术管理，2014（2）：154-161.

[103] 许光建，吴岩．战略性新兴产业效率与政府投入关联关系的实证分析——以中关村国家自主创新示范区为例 [J]．国家行政学院学报，2016（6）：40-46.

[104] 许荣花，白宗新．战略性新兴产业人才培养特点 [J]．长江大学学报（社会科学版），2014（12）：147-149.

[105] 原小能．新时代的产业发展与产业政策——《产业经济研究》中青年学者学术年会会议综述 [J]．产业经济研究，2017（6）.

[106] 肖兴志，何文韬，郭晓丹．能力积累、扩张行为与企业持续生

存时间 [J]. 新产经, 2014 (4): 14.

[107] 肖兴志, 王伊攀. 政府补贴与企业社会资本投资决策——来自战略性新兴产业的经验证据 [J]. 中国工业经济, 2014 (9): 148-160.

[108] 许治, 王思卉, 赵远亮, 等. 政府研发资助对企业 R&D 投入影响的 Meta 分析 [J]. 科学管理研究, 2012, 30 (1): 95-99.

[109] 薛澜, 林泽梁, 梁正, 等. 世界战略性新兴产业的发展趋势对我国的启示 [J]. 中国软科学, 2013 (5): 18-26.

[110] 杨国鑫, 刘磊, 刘增雷等. 战略性新兴产业授权发明专利统计报告 [J]. 科学观察, 2014 (4): 24-37.

[111] 袁健红, 刘晶晶, 马永浩等. 战略性新兴产业分类方法及应用研究 [J]. 中国科技论坛, 2014 (8): 60-66.

[112] 伊坦·谢辛斯基, 罗伯特·J. 斯特罗姆, 威廉·J. 鲍莫尔. 自由企业经济体的创业、创新与经济增长 (中译本) [M]. 上海: 东方出版中心, 2007.

[113] 余东华, 吕逸楠. 政府不当干预与战略性新兴产业产能过剩——以中国光伏产业为例 [J]. 中国工业经济, 2015 (10): 53-68.

[114] 余永定, 张宇燕, 郑秉文. 西方经济学 (第二版) [M]. 北京: 经济科学出版社, 1999.

[115] 曾铁山, 袁晓东. 专利政策的结构效应及其政策含义研究 [J]. 科学学研究, 2014, 32 (11): 1646-1651.

[116] 张治河, 潘晶晶, 李鹏. 战略性新兴产业创新能力评价、演化及规律探索 [J]. 科研管理, 2015, 36 (3): 1-12.

[117] 张治河, 黄海霞, 谢忠泉等. 战略性新兴产业集群的形成机制研究——以武汉·中国光谷为例 [J]. 科学学研究, 2014, 32 (1): 24-28.

[118] 张峰, 杨建君, 黄丽宁. 战略性新兴产业研究现状评述: 一个新的研究框架 [J]. 科技管理研究, 2012, 32 (5): 18-22.

[119] 张继良, 李琳琳. R&D 资助差异与企业技术创新阶段的关系研究 [J]. 科学学研究, 2014, 32 (11): 1740-1746.

[120] 张良桥, 贺正楚, 吴艳. 基于灰色关联分析的战略性新兴产业

评价——以生物医药为例〔J〕.经济数学,2010,27（3）:79-84.

　　〔121〕张少春主编.中国战略性新兴产业发展与财政政策〔M〕.北京:中国经济出版社,2010.

　　〔122〕张新,任强.我国企业创新财税政策效应研究:基于3SLS方法〔J〕.中央财经大学学报,2013,1（8）:1-5.

　　〔123〕张晓强.以自主创新应对金融危机以新兴产业增强经济动力〔J〕.中国经贸导刊,2010（4）:4-7.

　　〔124〕张敬文,谢翔,陈建.战略性新兴产业协同创新绩效实证分析及提升路径研究〔J〕.宏观经济研究,2015（7）:108-117.

　　〔125〕张敬文,李晓园,徐莉.战略性新兴产业集群协同创新发生机理及提升策略研究〔J〕.宏观经济研究,2016（11）:106-113.

　　〔126〕张政,赵飞.中美新能源汽车发展战略比较研究——基于目标导向差异的研究视角〔J〕.科学学研究,2014,32（4）:531-535.

　　〔127〕张晴.战略性新兴产业集聚对区域经济竞争力的空间溢出效应——基于安徽省地市空间面板模型〔J〕.华东经济管理,2016,30（12）:30-34.

　　〔128〕张志彤,程跃,银路.战略性新兴产业创新系统网络演化及运行模式研究——基于深圳LED产业的分析〔J〕.研究与发展管理,2014,26（6）:114-121.

　　〔129〕张敬文,吴丽金,喻林,等.战略性新兴产业集群知识协同行为及促进策略研究〔J〕.宏观经济研究,2017（10）:74-82.

　　〔130〕张莉,朱光顺,李夏洋,等.重点产业政策与地方政府的资源配置〔J〕.中国工业经济,2017（8）:63-80.

　　〔131〕周海涛,林映华.政府支持企业科技创新市场主导型政策构建研究——基于"市场需求—能力供给—环境制度"结构框架〔J〕.科学学与科学技术管理,2016,37（5）:3-16.

　　〔132〕赵玉林,石璋铭.战略性新兴产业资本配置效率及影响因素的实证研究〔J〕.宏观经济研究,2014（2）:72-80.

　　〔133〕赵玉林.高技术产业经济学（第二版）〔M〕.北京:科学出版

社，2012.

[134] 赵玉林等. 高技术产业发展与经济增长 [M]. 北京：中国经济出版社，2009.

[135] 赵玉林等. 主导性高技术产业成长机制论 [M]. 北京：科学出版社，2012.

[136] 赵黎明，宋瑶，殷建立. 战略性新兴产业、传统产业与政府合作策略研究 [J]. 系统工程理论与实践，2017，37（3）：642-663.

[137] 钟清流. 战略性新兴产业培育进程中的政府与市场关系 [J]. 经济研究导刊，2012（20）：50-51.

[138] 周华伟. 企业 R&D 税收激励政策效应分析 [J]. 财政研究，2013（8）：63-66.

[139] 周城雄，李美桂，林慧，等. 战略性新兴产业：从政策工具、功能到政策评估 [J]. 科学学研究，2017，35（3）：346-353.

[140] 周亚虹，贺小丹，沈瑶. 中国工业企业自主创新的影响因素和产出绩效研究 [J]. 经济研究，2012（5）：107-119.

[141] 朱瑞博. 中国战略性新兴产业培育及其政策取向 [J]. 改革，2010（3）：19-28.

[142] 中国工程科技发展战略研究院. 2014 中国战略性新兴产业发展报告 [M]. 北京：科学出版社，2014.

[143] 中国人民大学宏观经济分析与预测课题组. 进入创新和产业融合发展关键期的中国经济 [J]. 经济理论与经济管理，2017（12）：5-22.

[144] Aldrich H, Ruef M. Organizations Evolving 2nd [M]. London：Sage Publications，2006.

[145] Aghion P and Howitt P. Appropriate Growth Policy：A Unifying Framework [R]. Working Paper prepared for the 20th Annual Congress of the European Economic Association，2005.

[146] Amsden Alice. The World Bank's "The East Asian Miracle"：Economic Growth and Public Policy [J]. Special Section of World Development，1994.

［147］ Amsden Alice H. Asia's Next Giant South Korea and Late Industrialization ［M］. Oxford University Press, 1989.

［148］ Andries P. Technology – based Ventures in Emerging Industries : The Quest for a Viable Business Model ［J］. Open Access Publications from Katholieke Universiteit Leuven , 2006.

［149］ Blank S. Insiders' Views on Business Models Used by Small Agricultural Biotechnology Firms ［J］. Economic Implications for the Emerging Global Industry, 2008, 11 (2): 71−81.

［150］ Breschi S, Malerba F. The Geography of Innovation and Economic Clustering: Some Introductory Notes ［J］. Industrial & Corporate Change, 2002, 10 (4): 817−833.

［151］ Baker M, Wurgler J. The Equity Share in New Issues and Aggregate Stock Returns ［J］. Journal of Finance, 2000, 55 (5): 2219−2257.

［152］ Brachert, Matthias, Cantner, et al. Guest Editorial: Which Regions Benefit from Emerging Industries ［J］. European Planing Stadies, 2013, 1 (4): 17−33.

［153］ Cleff T, Licht G, Spielkamp A, et al. Innovation and Competitiveness ［M］. Europe's Automotive Industry on the Move. Physica – Verlag HD, 2005.

［154］ Castellacci F. The Interactions between National Systems and Sectoral Patterns of Innovation ［J］. Journal of Evolutionary Economics, 2009, 19 (3): 321−347.

［155］ Cappelen A, Castellacci F, Fagerberg J, Verspagen. B. The Impact of Regional Support on Growth and Convergence in the European Union ［J］. Journal of Common Market Studies, 2003, 41 (4): 621−644.

［156］ Cooke P. Regional Innovation Systems, Clusters, and the Knowledge Economy ［J］. Industrial & Corporate Change, 2001, 10 (4): 945−974.

［157］ Clegg S R, Rhodes C, Kornberger M. Desperately Seeking Legitimacy: Organizational Identity and Emerging Industries ［J］. Organization

Studies, 2007, 28 (4): 495-513.

[158] Cantner U. Which Regions Benefit from Emerging Industries? [J]. European Planning Studies, 2013, 21 (11): 1703-1707.

[159] Dosi G, Marengo L, Pasquali C. How Much Should Society Fuel the Greed of Innovators? On the Relations between Appropriability, Opportunities and Rates of Innovation [J]. Research Policy, 2006, 35 (8): 1110-1121.

[160] N J Dee, Minshall T. Finance, Innovation and Emerging Industries-a Review (Centre for Technology Management Working Paper Series) [J]. Social Science Electronic Publishing, 2011.

[161] Erickcek G A, Watts B R. Emerging Industries: Looking Beyond the Usual Suspects: A Report to WIRED [J]. 2007, 11 (7): 1-50.

[162] Fagerberg J. Technology and Competitiveness [J]. Oxford Review of Econnomy Policy, 1996, 12 (3): 39-51.

[163] Feldman M P, Audretsch D B. Innovation in Cities: Science-based Diversity, Specialization and Localized Competition [J]. European Economic Review, 1999, 43 (2): 409-429.

[164] Feldman M, Lendel I. The Geographic Context of Emerging Industries [J]. Georgia Institute of Technology, 2009, 12 (16): 119-135.

[165] Forbes D P, Kirsch D A. The study of emerging industries: Recognizing and Responding to Some Central Problems [J]. Journal of Business Venturing, 2011, 26 (5): 589-602.

[166] Gertler M S, Wolfe D A. No Place like Home? The Embeddedness of Innovation in a Regional Economy [J]. Review of International Political Economy, 2000, 7 (4): 688-718.

[167] Erickcek G A, Watts B R. Emerging Industries: Looking Beyond the Usual Suspects: A Report to WIRED [J]. 2007, 23 (4): 595-645.

[168] Higgins M J, Stephan P E, Thursby J G. Conveying Quality and Value in Emerging Industries: Star Scientists and the Role of Signals in Biotechnology [J]. Research Policy, 2011, 40 (4): 605-617.

[169] Inc D G. Encyclopedia of Emerging Industries [M]. New York: Grey House Pub, 2007.

[170] Shapiro H. Industrial Policy and Growth [R]. Working Papers, 2007.

[171] Jaffe A B. Technological Opportunity and Spillovers of R&D: Evidence from Firms' Patents, Profits, and Market Value [J]. American Economic Review, 1986, 76 (5): 984-1001.

[172] Utterback J M. Mastering the Dynamics of Innovation [M]. Harvard Business School Press, 1996.

[173] Stiglitz J E. Knowledge as a Global Public Good [M]. New York Global Public Goods, 2011.

[174] Jong J D. Emerging Industries! [J]. Scales Research Reports, 2014, 16 (33): 32-64.

[175] Jorion P, Talmor E. Value Relevance of Financial and Non - Financial Information in Emerging Industries: The Changing Role of Web Traffic Data [J]. Ssrn Electronic Journal, 2001, 116 (4): 147-157.

[176] Klepper S, Graddy E. The Evolution of New Industries and the Determinants of Market Structure [J]. Rand Journal of Economics, 1990, 21 (1): 27-44.

[177] Krugman P R. The Self - organizing Economy [M]. Berlin: Blackwell Publishers, 1996.

[178] Kuhlmann S, Edler J. Scenarios of Technology and Innovation Policies in Europe: Investigating Future Governance [J]. Technology Forecast and Social Change, 2003, 70 (7): 619-637.

[179] Pavitt K, Robson M, Townshend J. The Size Distribution of Innovating Firms in the U [J]. Social Science Electronic Publishing, 2014.

[180] Krueger A O. The Political Economy of the Rent - Seeking Society [J]. American Economic Review, 1974, 64 (3): 291-303.

[181] Tie L, He J. Technological and Economic Features of Emerging Industries with Strategies Importance and Reshaping Industrial Policy [J]. Aca-

demic Monthly, 2013, 45 (7): 78-89.

[182] Little Ian M D, Tibor Scitovsky and Maurice Scott Industry and Trade in some Developing Countries: A Comparative Study [M]. Oxford University Press, 1970.

[183] Los B, Verspagen B. Technology Spillovers and Their Impact on Productivity [J]. Chapters, 2007, 12 (6): 335-357.

[184] Low M B, Abrahamson E. Movements, Bandwagons, and Clones: Industry Evolution and the Entrepreneurial Process [J]. Journal of Business Venturing, 1997, 12 (6): 435-457.

[185] Lowe N, Feldman M. Constructing Entrepreneurial Advantage: Consensus Building, Technological Uncertainty and Emerging Industries [J]. Cambridge Journal of Regions Economy & Society, 2009, 1 (2): 265-284.

[186] Malerba F, Mani S. Sectoral Systems of Innovation and Production in Developing Countries: Actors, Structure and Evolution [J]. Access & Download Statistics, 2002, 31 (2): 247-264.

[187] Lubik S, Lim S, Platts K, et al. Market-pull and Technology-push in Manufacturing Start-ups in Emerging Industries [J]. Journal of Manufacturing Technology Management, 2013, 24 (1): 10-27.

[188] Miranda B V, Chaddad F R. Explaining Organizational Diversity in Emerging Industries: The Role of Capabilities [J]. Journal on Chain & Network Science, 2014, 14 (3): 171-188.

[189] Mcgahan A M, Baum J A C. Context, Technolog and Strategy: Forging New Perspectives on the Industry Life Cycle [J]. Advances in Strategic Management, 2004, 21 (1): 1-21.

[190] Mukherjee V, Ramani S V. R&D Cooperation in Emerging Industries, Asymmetric Innovative Capabilities and Rationale for Technology Parks [J]. Theory & Decision, 2011, 71 (3): 373-394.

[191] Nelson R, Winter S. An Evolutionary Theory of Economic Change [M]. The Belknap Press of Harvard University Press, Cambridge,

USA, 1982.

[192] Nurkse, Ragnar. Problems of Capital Formation in Underdeveloped Countries [M]. Oxford University Press, 1953.

[193] Office U S G A. Employment and Training: Labor's Green Jobs Efforts Highlight Challenges of Targeted Training Programs for Emerging Industries [J]. Government Accountability Office Reports, 2013.

[194] Pavitt K. Sectoral patterns of technical change: Towards a Taxonomy and a Theory [J]. Research Policy, 1984, 13 (6): 343-373.

[195] Prebisch Raul. The Economics Development of Latin America and Its Principal Problems [M]. Lake Success NY: United Nations Department of Social Affairs, 1950.

[196] Prebischb R. Commercial Policy in the Underdeveloped Countries [J]. American Economic Review, 1959, 49 (2): 251-273.

[197] Pearton B. Shenzhen Embraces Emerging Industries, Financial Services [J]. Asia Today International, 2012, 30 (9): 1318-1320.

[198] Rodrik, Dan, Industrial Policy for the Twenty-First Century [A]// John E. Kennedy School of Government Faculty Research Working Papers Series, Harrad University, 2004 (11).

[199] Romer P M. Increasing Returns and Long-Run Growth [J]. Journal of Political Economy, 1986, 94 (5): 1002-1037.

[200] Rosa-Gruszecka A, Gange A C, Harvey D J, et al. Insect-truffle Interactions-potential Threats to Emerging Industries? [J]. Fungal Ecology, 2016.

[201] Rosenstein-Rodan P N. The Problems of Industrialization of Eastern and South-Eastern Europe [J]. Economic Journal, 1943, 53 (210-211): 202-211.

[202] Rajan R G, Zingales L. The Influence of the Financial Revolution on the Nature of Firms [J]. American Economic Review, 2001, 91 (2): 206-211.

[203] Singer H W. The Distribution of Gains between Investing and Borrowing Countries [J]. American Economic Review, 1950, 40 (2): 473-485.

［204］ OECD. Strategic Industries in a Global Economy: Policy Issues for the 1990s ［R］. OECD 1991.

［205］ Traca D A. Imports as Competitive Discipline: The Role of the Productivity Gap ［J］. Journal of Development Economics, 2002, 69 (1): 1-21.

［206］ Van de Ven A, Garud R. A Framework for Understanding the Emergence of New Industries ［J］. International Journal of Automotive Technology & Management, 1989, 4 (1): 101-121.

［207］ Wieser R. Research and Development Productivity and Spillovers: Empirical Evidence at The Firm Level ［J］. Journal of Economic Surveys, 2010, 19 (4): 587-621.

［208］ York J G, Lenox M J. Exploring the Sociocultural Determinants of De Novo Versus De Alio Entry in Emerging Industries ［J］. Strategic Management Journal, 2015, 35 (13): 1930-1951.

［209］ Yang C. Government Policy Change and Evolution of Regional Innovation Systems in China: Evidence from Strategic Emerging Industries in Shenzhen ［J］. Environment & Planning C Government & Policy, 2015, 33 (3): 661-682.

［210］ Zhu R. Chinese Strategic Emerging Industries' Cultivating and Policy Tropism ［J］. Reform, 2010 (3): 19-28.

附　录

附录 A　中国战略性新兴产业国家政策汇总

产业类型	发文时间	发文部门	发文名称
新一代信息技术产业	2012 年 3 月 27 日	国家发改委、工信部、教育部、科技部、中科院、中国工程院、国家自然科学基金会联合发布	《关于下一代互联网"十二五"发展建设的意见》
	2014 年 4 月 30 日	工信部 国家发改委、教育部	《关于实施"宽带中国"2014 专项行动的意见》
	2014 年 5 月 7 日	国家发改委工信部	《关于组织实施新型平板显示和宽带网络设备研发及产业化专项有关事项的通知》
	2014 年 6 月 25 日	工信部电子信息司	《国家集成电路产业发展推进纲要》
	2014 年 7 月 8 日	国务院	《国家物联网发展及稀土产业补助资金管理办法》
	2014 年 11 月 5 日	工信部、国家发改委	《关于全面推进 IPv6 在 LTE 网络中部署应用的实施意见》
	2014 年 12 月 25 日	工信部	《关于向民间资本开放宽带接入市场的通告》

续表

产业类型	发文时间	发文部门	发文名称
新一代信息技术产业	2015 年 7 月 4 日	国务院	国务院关于积极推进"互联网+"行动的指导意见
	2015 年 9 月 5 日	国务院	《促进大数据发展行动纲要》
	2015 年 9 月 6 日	国务院	国务院办公厅关于印发三网融合推广方案的通知
	2015 年 12 月 15	工信部	《关于贯彻落实〈国务院关于积极推进"互联网+"行动的指导意见〉行动计划（2015—2018 年）》
	2016 年 4 月 14 日	国家发展改革委、财政部、教育部、公安部、民政部、人力资源和社会保障部、住房和城乡建设部、国家卫生计生委、国务院法制办、国家标准委	推进"互联网+政务服务"开展信息惠民试点实施方案
	2016 年 5 月 16 日	国家发展和改革委员会 工业和信息化部 财政部 国家税务总局	关于印发国家规划布局内重点软件和集成电路设计领域的通知
	2016 年 9 月 19 日	工信部、国家发改委	智能硬件产业创新发展专项行动（2016—2018 年）
	2016 年 10 月 4 日	工信部	关于进一步扩大宽带接入网业务开放试点范围的通告
	2017 年 11 月 16 日	国务院	《推进互联网协议第六版（IPv6）规模部署行动计划》
	2017 年 11 月 19 日	国务院	国务院关于深化"互联网+先进制造业"发展工业互联网的指导意见

产业类型	发文时间	发文部门	发文名称
新一代信息技术产业	2018 年 5 月 25 日	工信部、财政部	2018 年工业转型升级资金工作指南的通知
	2018 年 6 月 7 日	工信部	《工业互联网发展行动计划（2018—2020 年）》和《工业互联网专项工作组 2018 年工作计划》
高端装备制造业	2012 年 5 月 7 日	工业和信息化部	《高端装备制造业"十二五"发展规划》
	2014 年 5 月 9 日	国家发改委、财政部、工信部	《关于印发海洋工程装备工程实施方案的通知》
	2014 年 8 月 20 日	国务院	《国务院关于近期支持东北振兴若干重大政策举措的意见》
	2016 年 4 月 26 日	工业和信息化部、国家发展改革委、财政部	《机器人产业发展规划（2016—2020 年）》
	2016 年 10 月 12 日	国家发改委	推进"互联网"+便捷交通促进智能交通发展的实施方案
	2016 年 12 月 8 日	工业和信息化部	智能制造发展规划（2016—2020 年）
	2016 年 12 月 30 日	工业和信息化部	工业机器人行业规范条件
	2017 年 11 月 20 日	国家发展改革委	国家发展改革委关于印发《增强制造业核心竞争力三年行动计划（2018—2020 年）》的通知
	2017 年 11 月 20 日	国务院办公厅	国务院办公厅关于创建"中国制造 2025"国家级示范区的通知

产业类型	发文时间	发文部门	发文名称
生物产业、新材料产业	2012 年 2 月 22 日	工业和信息化部	《新材料产业"十二五"发展规划》《新材料产业"十二五"重点产品目录》
	2012 年 12 月 29 日	国务院发布	《生物产业发展"十二五"规划》
	2014 年 3 月 7 日	国务院	《医疗器械监督管理条例》
	2014 年 6 月 25 日	财政部、农业部	《中央财政农业资源及生态保护补助资金管理办法》
	2015 年 3 月 5 日	工信部、国家发改委、财政	《国家增材制造产业发展推进计划（2015—2016 年）》
	2015 年 8 月 21 日	国家卫计委、国家食药监局	《干细胞临床研究管理办法》
	2015 年 8 月 27 日	国家卫生计生委、国家中医药管理局	《关于进一步加强抗菌药物临床应用管理工作的通知》
	2015 年 9 月 7 日	中医药国际标准化技术委员会	《中医药—中药材重金属限量》国际标准发布
	2015 年 12 月 1 日	发改委、工信部、科技部	关于加快石墨烯产业创新发展的若干意见
	2016 年 2 月 22 日	国务院	国务院关于印发中医药发展战略规划纲要（2016—2030 年）
	2016 年 4 月 22 日	工信部	稀土行业规范条件（2016 年本）
	2016 年 10 月 11 日	工信部	建材工业发展规划（2016—2020 年）

产业类型	发文时间	发文部门	发文名称
生物产业、新材料产业	2017 年 5 月 19 日	国务院	《关于修改〈医疗器械监督管理条例〉的决定》
	2017 年 6 月 4 日	科技部、发展改革委、工业和信息化部、国家卫生计生委、体育总局、食品药品监管总局	《"十三五"健康产业科技创新专项规划》
	2017 年 9 月 12 日	工信部	关于印发《重点新材料首批次应用示范指导目录（2017 年版）》的通告
	2017 年 10 月 8 日	国务院	《关于深化审评审批制度改革鼓励药品医疗器械创新的意见》
新能源汽车产业	2012 年 7 月 9 日	国务院	节能与新能源汽车产业发展规划（2012—2020 年）》
	2014 年 1 月 28 日	财政部、科技部、工业和信息化部、发展改革委	《关于进一步做好新能源汽车推广应用工作的通知》
	2014 年 6 月 11 日	国家机关事务管理局、财政部、科技部、工信部、国家发改委	《政府机关及公共机构购买新能源汽车实施方案》（〔2014〕293 号）
	2014 年 7 月 21 日	国务院办公厅	《关于加快新能源汽车推广应用的指导意见》（国办发〔2014〕35 号）
	2014 年 7 月 22 日	国家发展改革委	《关于电动汽车用电价格政策有关问题的通知》（发改价格〔2014〕1668）
	2014 年 12 月 1 日	财政部、科技部、工业和信息化部、发展改革委	《关于新能源汽车充电设施建设奖励的通知》

续表

产业类型	发文时间	发文部门	发文名称
新能源汽车产业	2014 年 8 月 29 日、10 月 29 日、12 月 19 日	财政部 国家税务总局 工业和信息化部	《免征车辆购置税的新能源汽车车型目录》
	2015 年 8 月 10 日	工信部	关于开展节能与新能源汽车推广应用安全隐患排查治理工作的通知
	2016 年 1 月 20 日	科技部	关于"十三五"新能源汽车充电基础设施奖励政策及加强新能源汽车推广应用的通知
	2016 年 9 月 5 日	工信部	新能源汽车生产企业及产品准入管理规定（修订）
	2016 年 12 月 29 日	财政部、科技部、工业和信息化部、发展改革委	关于调整新能源汽车推广应用财政补贴政策的通知
新能源产业	2013 年 1 月 28 日	国务院	《能源发展"十二五"规划》
	2013 年 7 月 22 日	国务院	《国务院关于促进光伏产业健康发展的若干意见》（国发〔2013〕24 号）
	2013 年 12 月 27	海洋局	《海洋可再生能源发展纲要（2013—2016 年）》
	2014 年 9 月 2 日	能源局	《国家能源局关于进一步落实分布式光伏发电有关政策的通知》（国能新能〔2013〕406 号）
	2014 年 11 月 16 日	国务院	关于创新重点领域投融资机制鼓励社会投资的指导意见》
	2014 年 11 月 19 日	国务院	《能源发展战略行动计划（2014—2020 年）》的通知（国办发〔2014〕31号）

产业类型	发文时间	发文部门	发文名称
新能源产业	2014 年 12 月 24 日	能源局	《国家能源局关于推进分布式光伏发电应用示范区建设的通知》《国家能源局综合司关于做好太阳能发展"十三五"规划编制工作的通知》和《国家能源局综合司关于做好 2014 年光伏发电项目接网工作的通知》
	2014 年 12 月 30 日	工信部	《关于进一步有关光伏企业兼并重组市场环境的意见》
	2015 年 1 月 12 日	工信部网站	《光伏制造行业规范条件（2015 年本）》公开征求意见
	2016 年 9 月 13 日	国家能源局	关于建设太阳能热发电示范项目的通知
	2016 年 12 月 19 日	发改委	可再生能源发展"十三五"规划
	2017 年 5 月 23 日	工信部	《太阳能光伏产业综合标准化技术体系》
	2017 年 5 月 23 日	国家能源局	《关于开展风电平价上网示范工作的通知》
	2017 年 9 月 22 日	国家发展改革委、财政部、科学技术部、工业和信息化部、国家能源局	关于促进储能技术与产业发展的指导意见
节能环保产业	2012 年 6 月 29 日	国务院	《"十二五"节能环保产业发展规划》
	2013 年 8 月 1 日	国务院	《国务院关于加快发展节能环保产业的意见》（国发〔2013〕30 号）

产业类型	发文时间	发文部门	发文名称
节能环保产业	2013 年 9 月 12 日	国务院	《国务院关于印发大气污染防治行动计划的通知》（国发〔2013〕37 号）
	2014 年 1 月 3 日	环境保护部、国家质检总局	《水泥工业大气污染物排放标准》（GB4915—2013）、《水泥窑协同处置固体废物污染控制标准》（GB30485—2013）及其配套的《水泥窑协同处置固体废物环境保护技术规范》（HJ662—2013）3 项标准，以及《铅、锌工业污染物排放标准》等 6 项有色金属行业排放标准修改单，增设了大气污染物特别排放限值
	2014 年 2 月 19 日	工信部	《稀土行业清洁生产技术推行方案》
	2014 年 5 月 6 日	国家林业局	《关于推进林业碳汇交易工作的指导意见》
	2014 年 5 月 27 日	国务院	《关于进一步推进排污权有偿使用和交易试点工作的指导意见》
	2014 年 11 月 11 日	国家发改委、工信部	《重大节能技术与装备产业化工程实施方案》
	2014 年 11 月 12 日	国务院	《关于加强环境监管执法的通知》
	2014 年 11 月 26 日	国务院常务会议通过	《中华人民共和国大气污染防治法（修订草案）》
	2015 年 1 月 14 日	国务院	《关于推行环境污染第三方治理的意见》

产业类型	发文时间	发文部门	发文名称
节能环保产业	2015 年 2 月 25 日	工信部	《2015 年工业节能监察重点工作计划》
	2015 年 3 月 20 日	国家发展改革委、国家能源局	国家发展改革委 国家能源局关于改善电力运行调节促进清洁能源多发满发的指导意见
	2015 年 8 月 13 日	国务院	生态环境监测网络建设方案
	2015 年 9 月 25 日	国家发改委、财政部、住建部	《关于开展循环经济示范城市（县）建设的通知》
	2016 年 5 月 13 日	国务院办公厅	关于健全生态保护补偿机制的意见
	2016 年 8 月 19 日	工信部	工业绿色发展规划（2016—2020 年）
	2016 年 8 月 31 日	中国人民银行、财政部、国家发展改革委、环境保护部、银监会、证监会、保监会	关于构建绿色金融体系的指导意见
	2017 年 7 月 27 日	工业和信息化部、发展改革委、科技部、财政部、环境保护部	《关于加强长江经济带工业绿色发展的指导意见》
	2017 年 7 月 28 日	环境保护部	固定污染源排污许可分类管理名录（2017 年版）
	2017 年 8 月 2 日	国务院	《国务院关于修改〈建设项目环境保护管理条例〉的决定》

附录 B　新能源汽车产业上市公司基本情况

序号	股票代码	公司名称	简介
1	300073	当升科技	国内领先的锂离子电池正极材料专业供应商
2	000839	中信国安	子公司盟固利是国内最大的锂电池正极材料钴酸锂和锰酸锂生产商，国内唯一大规模生产动力锂离子二次电池厂家
3	300037	新宙邦	国内领先的电子化学品生产企业，铝电解电容器化学品国内市场占有率达30%
4	002123	荣信股份	充电站建设
5	600478	科力远	镍氢电池制造商，产品得到国内外电动汽车生产企业认可
6	600406	国电南瑞	充电站建设
7	002091	江苏国泰	主要控股子公司国泰华荣化工新材料有限公司主要生产锂电池电解液和硅烷偶联剂，锂电池电解液国内市场占有率超过30%。占上市公司营业利润的30%，公司有望凭借锂离子动力电池的大规模应用迎来新的发展机遇
8	000973	佛塑股份	与比亚迪合资金辉公司生产锂电池隔膜
9	000100	TCL集团	TCL金能电池有限公司是TCL集团旗下的一家专业研发、设计、生产高能量锂离子电池企业，公司电池产品主要包括聚合物锂离子电池和民用电池两大类
10	000049	德赛电池	拥有丰富的产品线，电池产品涵盖一次电池、二次电池方面的主要高端产品，如碱性电池、锂锰电池、锂铁电池、镍氢电池、锂聚合物电池、手机电池、充电器等，是国内电池产品最丰富的专业电池生产商之一
11	600854	春兰股份	集团研发20-100AH系列的大容量动力型高能镍氢电池
12	000400	许继电气	充电站建设

序号	股票代码	公司名称	简介
13	600104	上海汽车	大股东上海汽车工业（集团）总公司是"大连新源动力股份有限公司"第一大股东。该公司是中国第一家致力于燃料电池产业化的股份制企业，"燃料电池及氢源技术国家工程研究中心"和"博士后科研工作站"获国家认可，在中国工程院院士衣宝廉先生带领下主要研究质子交换膜燃料电池技术。
14	600192	长城电工	参股"大连新源动力股份有限公司"，持股11%
15	000571	新大洲A	参股"大连新源动力股份有限公司"，持股3.42%
16	000762	西藏矿业	锂资源
17	600459	贵研铂业	铂资源
18	002028	思源电气	充电站建设
19	600111	包钢稀土	稀土资源
20	600549	厦门钨业	钨资源
21	002227	奥特迅	充电站建设
22	002192	路翔股份	收购甘孜州融达锂业拥有"亚洲第一锂矿"呷基卡锂矿134号矿脉511.4万吨锂矿石的开采权，也控制了地下将近3000万吨锂辉石矿
23	002162	斯米克	与宜丰县合作开发锂瓷土矿，项目投资规模约10.5亿元，宜春市政府致力于打造亚洲锂都，项目公司结合地方政府的产业战略扶持政策，通过瓷土矿中含锂等稀有金属的提炼及深加工
24	600259	广晟有色	南方稀土王（主要在广东、赣南等地），以中重稀土为主，拥有多张稀土和钨矿采矿权，其稀土下游项目正在拓展（与江西合伙）建设中
25	000758	中色股份	控股广东珠江稀土，主要从事重稀土的分离，正出资设立中色南方稀土公司
26	600058	五矿发展	有部分稀土产品
27	300014	亿纬锂能	主营业务为锂亚电池、锂锰电池等高能锂一次电池产品，以及锂离子电池、镍氢组合电池等二次电池产品的研发、生产和销售。从产品结构来看，锂一次电池是公司的核心业务。公司目前已经成为国内第一、世界第五的锂亚电池供应商

序号	股票代码	公司名称	简介
28	300068	南都电源	公司主营业务为化学电源、新能源及储能产品的研究、开发、制造和销售，主导产品为"南都"牌阀控密封蓄电池（属于铅酸电池类别），主要生产经营100Ah以上的大容量电池，产品最低容量为12V24Ah。产品主要应用于通信行业，另外还广泛运用于电力、铁路、军用装备等后备电源系统，太阳能、风能等储能系统和车用动力系统等领域。目前公司拥有18个系列190个品种的阀控密封蓄电池产品，9大系列1000多个品种的锂电池产品，是行业内产品系列最齐全的企业之一
29	600273	华芳纺织	2009年6月，华芳纺织出资5800万元，重点投资研发、生产动力锂电池、电解液等新能源产品的江苏力天新能源科技有限公司，成为该公司控股大股东
30	000733	振华科技	出资1980万元与李树军博士共同投资成立合资公司，涉足锂离子动力电池领域，项目总规模为2000万元
31	600366	宁波韵升	驱动电机生产
32	600580	卧龙电气	驱动电机生产
33	000559	万向钱潮	驱动电机生产
34	002249	大洋电机	驱动电机生产
35	600458	时代新材	驱动电机生产
36	600416	湘电股份	驱动电机生产
37	000970	中科三环	驱动电机生产
38	002056	横店东磁	驱动电机生产
39	601766	中国中车	整车控制系统
40	600303	曙光股份	整车控制系统
41	600066	宇通客车	整车生产
42	600686	金龙汽车	整车生产
43	600166	福田汽车	整车生产
44	000957	中通客车	整车生产
45	600268	国电南自	充电站建设
46	000800	一汽轿车	整车生产

附录 C　生物医药行业上市公司基本情况

序号	股票代码	公司名称	简介
1	600252	中恒集团	血栓通注射液
2	600196	复星医药	青蒿琥酯片通过 WHO 的 GMP 复查，为 WHO 全球第三家抗疟药物直接供应商，彻底打开公司国际化道路。2008 年，青蒿类抗疟药出口继续保持第一
3	600664	哈药股份	干扰素、GM-CSF、EPO 治疗红细胞减少症
4	600129	太极集团	中成药、西药、保健用品加工、销售，医疗包装制品加工，医疗器械销售
5	600200	江苏吴中	公司所属控股子公司江苏吴中医药集团已经接到国家食品药品监督管理局通知，具有自主知识产权的国家一类生物抗癌新药重组人血管内皮抑素注射液目前获得 SFDA 药物临床试验批件，同意公司开展该产品的三期临床试验研究工作，为未来业绩增长打开想象空间
6	600530	交大昂立	上海交通大学的科研优势，组建了建筑面积 3000 余平方米的生物医药研究院，每年投入大笔的科研经费，致力于微生物制剂和中草药制剂的研究开发
7	600538	ST 国发	是全国唯一一家从事海水珍珠贝类（合浦南珠）、藻类、甲壳类等特色生物资源综合开发、加工的沪市 A 股上市公司
8	600867	通化东宝	重组人胰岛素
9	600739	辽宁成大	人用狂犬疫苗
10	000990	诚志股份	生命科学、生物工程、中药制药、信息科技、精细化工
11	600195	中牧股份	公司的生物制品涵盖了四种国家强制免疫疫苗：禽流感疫苗、口蹄疫疫苗、猪蓝耳苗和猪瘟疫苗，以及常规疫苗，例如狂犬疫苗、猪伪狂犬疫苗、猪乙型脑炎活疫苗
12	002317	众生药业	主要从事药品的研发、生产与销售，在产品结构上以中成药为主导，化学药普药为基础，注重在眼科、心血管科、神经科、消化科等核心治疗领域的推广，主要产品有复方血栓通胶囊、众生丸、清热祛湿冲剂等

序号	股票代码	公司名称	简介
13	000963	华东医药	主导产品环孢菌素原料通过了欧盟药品质量管理委员会的 COS 认证,有效期限 5 年
14	002099	海翔药业	国内唯一生产联苯双酯厂商,也是唯一进入国际 BIT 产品市场的中国公司
15	600380	健康元	中药、保健品及西药的研究、开发及生产经营,产品涵盖处方药、OTC 和保健品三大领域
16	000078	海王生物	生物制品、生化制品、海洋药物、海洋生物制品、中成药等
17	000788	西南合成	全部产品均已通过 GMP 认证,其中有 9 个产品在美国 FDA 注册,4 个产品通过 FDA 认证,5 个产品获得欧洲 COS 证书
18	600267	海正药业	拥有的 FDA 和欧盟 COS 认证数量分别达 18 个和 15 个,还有 20 多个产品正在申报之中
19	600085	同仁堂	产供销一体的高科技现代化中药企业
20	600771	ST 东盛	高科技现代化,集中成药研发、生产、销售与一体的大型企业,现更名为广誉远
21	300142	沃森生物	是国内专业从事疫苗、血液制品等生物药品研发、生产、销售的现代生物制药企业,为国家认定的高新技术企业和国家企业技术中心
22	000423	东阿阿胶	重组促红细胞生成素(EPO)治疗红细胞减少症,白细胞介素-11（IL-11）增强血小板产生,内抑素
23	002399	海普瑞	全球最大的肝素钠原料药生产厂商,公司在纯化、病毒灭活、组分分离和活性基因保护等方面的技术研发和工艺水平居世界前列,肝素钠原料药的产销量居全球第一,是国内肝素行业里唯一同时通过美国 FDA 认证及欧盟 CEP 认证的肝素钠原料药制造企业
24	600488	天药股份	制造经营化学原料药、中西制剂等及中成药加工、保健食品、医药中间体、化工原料、食品、饲料及添加剂、化妆品及相关技术和原辅材料的加工、承办中外合资经营、合作生产企业;技术服务及咨询
25	000518	四环生物	主导产品重组人白细胞介素-2 注射液是国家一类生物制品
26	000513	丽珠集团	生物工程药品、化学合成原料药、抗生素等

序号	股票代码	公司名称	简介
27	000756	新华制药	生产西药、化工原料、食品添加剂、保健食品、制药设备、医药检测仪器及仪表、自行研制开发项目的技术转让、服务、技术咨询、技术培训，销售本企业生产的产品；工业用氧、工业用氮的生产、充装及销售
28	300086	康芝药业	2010 年，康芝药业被评为"中国十大最具成长力的医药企业"之一，公司"儿科药高技术产业化项目"被列入国家发展改革委下达的《2010 年第二批产业技术研发资金高技术产业发展项目投资计划》
29	002349	精华制药	公司主要从事中成药、原料药及医药中间体和西药制剂的研发、生产和销售
30	000930	丰原生化	生物工程的科研开发，公司主导产品柠檬酸、赖氨酸，主要用于食品添加剂、洗涤剂和饲料添加剂，公司是国内较大的燃料乙醇生产企业
31	000739	普洛股份	氧氟沙星产品获得由欧洲药典委员会颁发的 COS 证书，使康裕制药成为全世界少数几家取得这一产品的 COS 证书的企业之一，公司研发的"固定化 D-海因酶和 D-氨甲酰水解酶的研制"项目被列入国家 863 计划项目；"基因工程酶法合成 D-对羟基苯甘氨酸邓钾盐"项目被国家发展改革委列入国家级生物工程重大产业化项目
32	002022	科华生物	公司是国内生产量最大、市场占有率最高、品种最齐全、报批量最大的体外诊断试剂生产企业，禽流感检测试剂是政府拨款项目。公司开发的胱抑素 C 定量测定试剂盒（免疫比浊法）产品和 α-L-岩藻糖苷酶试剂盒（CNPF 速率法）产品，取得了上海市食品药品监督管理局颁发的《医疗器械注册证》；"甲型流感病毒抗原检测试剂盒（酶联免疫法）"符合医疗器械产品市场准入规定，准许注册都会为诊断试剂的稳定扩大提供一个良好基础
33	002332	仙琚制药	国家甾体激素类药物、计划生育药物定点生产厂家，国家火炬计划重点高新技术企业
34	600645	ST 中源	公司拥有全国仅两张的干细胞库许可证，同时公司拥有亚洲最大的脐带血造血干细胞库，是亚洲脐血库组织的首批成员，堪称国内生物基因研究开发领域的龙头企业。公司下属企业协和华东和协和干细胞基因工程有限公司被认定为高新技术企业

序号	股票代码	公司名称	简介
35	600513	联环药业	公司主要产品集中在抗过敏药、抗心血管药和泌尿外科用药三大系列，已有禽流感灭活疫苗、鸡新城疫低毒力活疫苗等6个疫苗产品获得生产批文投入生产
36	002030	达安基因	公司是以分子诊断技术为主导的，集临床检验试剂和仪器的研发、生产、销售以及全国连锁医学独立实验室临床检验服务为一体的生物医药高科技企业。公司核酸诊断试剂市场龙头地位稳固，RF产品、免疫产品、LBP/TCT产品、公卫产品稳定增长
37	000915	山大华特	公司以山东大学为依托，拥有雄厚的科研开发实力和完备的人才体系，经过几年的发展，成功实现了从传统产业向高新技术产业的转型，初步形成了以环保和医药为主业的产业格局
38	002166	莱茵生物	公司的主要特有品种罗汉果、荔枝皮、苦橙、八角等提取物的原料是广西本地特产，公司在行业里是国内有能力生产最齐全品种植物提取物的企业之一，已经掌握200多种植物提取物的生产技术，其中60多个产品经国外独立检测机构严格检测，可以视市场需求情况迅速灵活调整生产品种，具有领先于行业的市场应变能力
39	600277	亿利能源	从事无机化学品、医药产品科技开发、生产和销售。公司完成中蒙药现代化制药工业园区建设，形成25条生产线，国药准字481个品种，490台套生产设备的生产规模，并已形成年产2000吨甘草浸膏、200吨甘草抗氧灵、100吨甘草素的生产能力，生产企业全部通过GMP认证。年生产能力为片剂20亿片，蜜丸1900万盒，胶囊20亿粒，软胶囊2亿粒，滴丸60亿粒。公司生产的中成药已占据内蒙古市场约50%的份额
40	600226	升华拜克	公司的参股公司——青岛易邦是9家国家禽流感疫苗定点生产企业之一
41	600062	双鹤药业	重点发展大输液、心脑血管类疾病和内分泌类疾病的预防和治疗领域，打造"中国输液第一品牌""中国降压药第一品牌""中国降糖药第一品牌"

序号	股票代码	公司名称	简介
42	600668	尖峰集团	浙江尖峰药业有限公司先后被评为全国医药百强企业、浙江省医药工业十强企业、国家火炬计划重点高新技术企业，拥有一个浙江省级院士专家工作站、三个国家级博士后流动站和省级新药研发中心，并与国内相关科研院所、高校广泛合作，共同搭建医药研发平台
43	600866	星湖科技	基因芯片临床诊断、商品检验检疫、新药开发等多种用途
44	600829	三精制药	多品种、多剂型、医药原料和制剂并重的综合性制药企业
45	600869	三普药业	公司是大型天然药物制造企业，是青海省最大的中藏药生产基地，旗下产品涉及心脑血管系统、消化系统、呼吸系统和保健品多个大类100多个品种。同时公司地处西部，受惠于西部大开发，并作为青海省唯一一家以生产销售中藏成药为主营的上市公司，在国内中成药制造行业中拥有高原资源优势
46	002252	上海莱士	公司是国内血液制品的龙头企业之一，产品价格高于同行业内平均水平，占据血制品消费的高端市场
47	300119	瑞普生物	生物技术开发、转让、咨询、服务；企业自有资金对高科技产业投资；兽药（生物制品除外）、添加剂与混合饲料销售；以下项目限分支经营：细胞毒灭活疫苗生产线（2条）、胚毒灭活疫苗生产线（2条）、细菌灭活疫苗生产线
48	600422	昆明制药	抗艾药物将通过FDA认证；国内最大的硫辛酸原料药生产企业，产品90%出口到日本和欧洲。国内唯一一掌握硫辛酸手性拆分技术企业，可生产低残留硫辛酸的高端产品
49	002100	天康生物	公司生产的动物疫苗均为国家强制免疫产品，其中口蹄疫、猪瘟、小反刍兽疫苗均有生产
50	300009	安科生物	唯一一家同时生产干扰素、生长激素的企业

后　记

　　本书是基于我在攻读产业经济学博士学位时写的学位论文而修改的。我从 2015 年底开始博士论文的写作，2017 年 6 月经历数次的讨论修改后终于完成。刚开始确定这个题目时，满满的全是疑惑和矛盾，多次找博导赵玉林老师商谈，想把题目改得简单些、容易些，可每一次都被赵老师说服了。期间从文献阅读、理论构建、数据收集分析、实证的探索、核心杂志的投稿至论文的打磨等每一个阶段我都觉得像是在过一个一个的难关，常常是诚惶诚恐、不知所措。辛弃疾有诗云"众里寻他千百度，蓦然回首，那人却在灯火阑珊处"。在论文写作最艰难的时刻，我经常是寻他千百度，环顾四周，总是空空如也。每日里痴傻，常常忘了自己要干什么，脑子里想的总是论文的写作。

　　从三十而立之时选择读博开始，我就做好了迎接挑战的准备，但当我真正面对挑战的时候，才深切体会到了其中的滋味。对我来说，在学校学习的每一天都是相同的，睡觉、吃饭、看文献，除此之外什么都没有。没有节假日，没有任何的娱乐。我的本科专业和硕士专业都是财政税务，相较我过去的学术领域，产业经济学专业更加宽广，专业范围的变化给我带来了很多的困扰。陪伴和激励我成长的就是我的博导赵玉林老师的耐心、睿智，对赵老师的佩服和敬仰将会伴随我的一生。在和赵老师一次次的讨论中，我的思路逐渐清晰起来，从论文的体系设计到实证方法的选择，从全文的逻辑结构到遣词造句的打磨，赵老师每一次都不厌其烦地给予我帮助和支持，一针见血的点评常常让我茅塞顿开，心生敬仰和佩服，在反复的交流学习中我也逐渐从狂妄躁动过渡到现在的平和自信，考博和读博赋予了我很多很多。回首我 30~40 岁这十年光阴，我很庆幸没有虚度，通过智者的引导和自身的努力，我学到了很多。我开始有了自己的职业理想和目标：做一个称职的大学老师，不仅要在学术上认真努力，而且要鼓励学生通过努力和拼搏脚踏实地地走好每一步。

感谢内蒙古财经大学给予本书出版的全力支持；感谢编辑老师不辞辛苦的校对和修订，为书籍最终出版付出了辛勤劳动；感谢在我读书和科研的道路上给予我支持和帮助的老师、家人、朋友以及同事，没有你们的无私和宽容本书也不能顺利出版。

由于本书是由学位论文修改而成，从写作到毕业再到出版经历的周期很长，今天看来文中还有很多不足之处，数据的采集分析必然存在疏漏，不妥之处请同行专家批评指正。财税政策体系助力产业创新生态系统的研究会是我今后科学研究不断深化的方向，希望能得到同行专家的指导和品评，在今后的学习和工作中，我会努力在大学里做一个好老师，同时继续在教学和科研的方向不断地提高自己的水平。